# LIBERTAD EN CRISTO

## NEIL T. ANDERSON Y STEVE GOSS

# Manual del participante
# Curso para hacer discípulos

**CURSO DE 13 SEMANAS**
EDICIÓN REVISADA Y ACTUALIZADA

# CREED ESPAÑA

**E**VANGELIZAR **D**ISCIPULAR **P**LANTAR

Libertad en Cristo - Manual del Participante
© 2012 CREED ESPAÑA (con permiso de Freedom in Christ, UK)
C/Mequinenza, 20, 28022, Madrid, España
www.creedendios.com  + 34 622 225 785

Originalmente publicado en inglés con el título:
Freedom in Christ - Participants Guide © 2004, 2011 Copyright ©
Neil T. Anderson y Steve Goss.

Edición 2016: CREED España.
Traductor: Paul Shekleton.
Editores: Jorge Maldonado, Loida Fernández, Robert Reed y Nancy Maldonado.
Interior: Montserrat Aparicio y Jemima Taltavull.

ISBN: 978 84 615 5641 0
Depósito legal: C 1998-2013

# CONTENIDO

## ¿Por Qué Participar En Este Curso?

El curso Libertad en Cristo es para todos los creyentes, tanto para los que han sido cristianos durante muchos años, como para los que acaban de decidirse; para los que están creciendo como para los que se encuentran estancados. Ha sido diseñado para ayudarte a:

- **Alcanzar un nivel más alto de madurez espiritual.**
- **Descubrir conceptos equivocados que impiden tu progreso.**
- **Resolver conflictos personales y espirituales.**
- **Aprender estrategias para la renovación de la mente y para romper con los pensamientos negativos y con los comportamientos dañinos.**

El enfoque del curso no está en el comportamiento, sino en las creencias. Al fin y al cabo, Cristo nos ha hecho libres (Gálatas 5:1) y nos ha dado todo lo que necesitamos (2 Pedro 1:3). El problema es que a veces no lo sentimos.

Muchas personas sienten que no han alcanzado todo su potencial en Dios. Tal vez se sienten atrapadas en pecados habituales, pensamientos negativos, temor, falta de perdón o en un sentimiento de condenación. Sin embargo, desean crecer y madurar. El curso te ayudará a comprender la verdad de tu nueva identidad en Cristo, te enseñará a descubrir y resistir los engaños del enemigo, y a seguir adelante. No se trata de una solución instantánea, pero, sin lugar a dudas, producirá un cambio profundo en tu vida cristiana.

## ¿Cómo Puedo Sacar El Máximo Provecho?

Trata de asistir a todas las sesiones.

Lee alguno de los libros de Neil Anderson de la lista que hay en la página 5 como *Restaurado, Victoria sobre la Oscuridad y Rompiendo las cadenas*.

Pon en práctica las instrucciones bajo el título ESTA SEMANA al final de cada sesión.

Sigue los Pasos hacia la Libertad en Cristo, un ejercicio en el que pides al Espíritu Santo que te muestre las áreas de tu vida en las que hace falta que te arrepientas. Normalmente este ejercicio ocurre entre las sesiones 9 y 10, y para muchos es una experiencia transformadora.

El curso incluye estrategias para mantenerte firme en la libertad ganada por Cristo y para renovar tu mente progresivamente. Convierte estas estrategias en una parte íntegra de tu vida diaria.

## Para Aprovechar Aún Más Este Material

El libro de Neil Anderson, *Restaurado*, es fácil de asimilar para los participantes del curso *Libertad en Cristo*. Presenta las mismas enseñanzas de diferente forma, con material adicional para que puedas profundizar en los temas.

**Restaurado** — Comprende el significado y la importancia de conocer a Cristo y tener libertad en Él. De forma sencilla y amena, este libro resume las principales realidades de la vida espiritual como son los fundamentos de la salvación cristiana; cómo tratar con ataduras espirituales del pasado; identificar patrones de engaño; la victoria sobre la amargura a través del perdón; cómo aprender a confiar en Dios; victoria sobre el orgullo y los pecados de hábitos.

**Victoria sobre la oscuridad** — Aprende a resolver conflictos personales, conocer el poder de tu identidad en Cristo, librarte de las cargas del pasado, ganar la batalla de la mente, experimentar la libertad emocional, y aprender a relacionarte en Cristo. Este libro bestseller cuenta con más de un millón de copias vendidas.

**Rompiendo las cadenas** — Otro libro bestseller de Neil Anderson. Te ayudará a resolver los conflictos espirituales, lo cual es nuestra protección contra el enemigo, identifica las formas en que somos vulnerables y cómo vivir una vida verdaderamente libre en Cristo.

Steve Goss ha escrito cuatro libritos también de fácil asimilación para los participantes del curso Libertad en Cristo. Sólo están disponibles en inglés. Se pueden pedir por internet en www.ficm.org.uk. Los libros fueron escritos para acompañar al curso Libertad en Cristo. Los títulos son:

- *Free to be yourself* (Libertad para ser tú mismo) - Corresponde a la Parte A.
- *Win the daily battle* (Gana la batalla diaria) - Corresponde a la Parte B.
- *Break free, stay free* (Libérate, mantente libre) - Corresponde a la Parte C.
- *The you God planned* (El "tú" que Dios planeó) - Corresponde a la Parte D.

## INTRODUCCIÓN

Esta sesión es una introducción opcional al curso Libertad en Cristo.

### BIENVENIDA

¿Cuál es el mejor libro que has leído aparte de la Biblia?

### ADORACIÓN

Pongamos a Dios en el mismo centro de este curso y abramos nuestros corazones a Él. Jeremías 29:11-13; Salmo 33:4-7; Hebreos 4:12; Filipenses 1:6.

### LA PALABRA

**Base bíblica:** "Ciertamente, la palabra de Dios es viva y poderosa, y más cortante que cualquier espada de dos filos. Penetra hasta lo más profundo del alma y del espíritu, hasta la médula de los huesos, y juzga los pensamientos y las intenciones del corazón" (Hebreos 4:12).

**Verdad bíblica:** En cuanto a lo que se refiere a libros, la Biblia sobresale por encima de todos. Y tenemos razones de peso para creer que constituye el mensaje de Dios para los seres humanos que Él creó.

## ¿De Qué Trata Libertad En Cristo?

Jesús mandó a sus seguidores que fueran por todo el mundo y que hicieran discípulos (ver Marcos 16:15 y Mateo 28:19).

Un discípulo no es lo mismo que un "convertido" o un "creyente". Es una persona que aprende continuamente.

No se trata sólo de adquirir nuevas nociones intelectuales, sino de conocer más y más a una persona — Jesucristo — y ver los efectos de ese conocimiento en nuestras vidas

## REFLEXIÓN 1

¿Cuál ha sido el mejor consejo que alguien te ha dado?

Si ante una decisión importante pides consejo de varias personas, y sus opiniones difieren, ¿cómo escoges el consejo a seguir?

¿Te acuerdas de alguna ocasión en la que alguien te dio información errónea? ¿Qué paso?

## ¿Por Qué Debemos Confiar En La Biblia?

La Biblia es el libro de mayor influencia que jamás se haya escrito:

- fue el primer libro impreso
- ha sido traducida a más de 2.500 idiomas
- contiene más de 750.000 palabras
- tardarías unas 70 horas en leer la Biblia entera en voz alta.

Aunque escrita por unas 40 personas muy diversas (desde reyes a pescadores) que vivieron a lo largo de 1.500 años en tres continentes, la Biblia se presenta en su conjunto como el mensaje del mismo Dios a las personas que Él creó. La Biblia misma declara: "Toda la Escritura es inspirada por Dios" (2 Timoteo 3:16). Pero, ¿por qué debemos confiar en ella?

## 1. La Historia Confirma La Biblia

Hasta hoy, los descubrimientos arqueológicos no han hecho otra cosa que verificar la precisión histórica de la Biblia.

Si los detalles históricos de la Biblia han sido comprobados, con mayor razón debemos considerar seriamente aquellas cosas de la Biblia que nos parecen extraordinarias o imposibles.

Nota: hay un buen número de libros que apoyan éste y otros puntos de esta sesión. El líder de tu grupo podrá recomendártelos.

## 2. Lo Que La Biblia Profetizó Ocurrió

La Biblia está llena de predicciones del futuro (profecías) que se cumplieron, muchas de ellas parecían muy poco probables.

Muchos detalles de la vida y muerte de Jesucristo fueron escritos con precisión cientos de años antes de su nacimiento.

## REFLEXIÓN 2

**Busca estas profecías del Antiguo Testamento: Miqueas 5:2; Isaías 7:14; Jeremias 31:15; Salmo 41:9; Zacarías 11:12-13; Salmo 22:18 y Zacarías 12:10; Éxodo 12:46 y Salmo 34:20; Salmo 22:18.**

**Por lo que sabes de la vida de Jesucristo, ¿cómo se cumplieron en él estas profecías?**

### 3. Lo Que La Biblia Afirma Sobre La Resurrección De Jesús Es Fiable

Es una afirmación asombrosa pero apoyada en las evidencias. Los que presenciaron los hechos creyeron y muchos de ellos dieron su vida por su fe en la resurrección.

## 4. La Iglesia Jamás Ha Dejado De Crecer

La iglesia tardó hasta 1900 en alcanzar el 2,5% de la población mundial. En los 70 años siguientes, llegó al 5%. Y en 30 años, entre 1970 y 2000, volvió a sobrepasar el doble del porcentaje de la población mundial, alcanzando el 11,2%.

El declive de la iglesia en Occidente es una anomalía histórica, más que compensada por su crecimiento en otras partes del mundo.

**TESTIFICAR**

Si alguien te dijera que la Biblia consiste en una simple colección de mitos y leyendas, ¿cómo responderías?

**ESTA SEMANA**

Si nunca has leído la Biblia sistemáticamente, ¿por qué no pruebas con una breve lectura cada día? Puedes empezar con uno de los evangelios: Mateo, Marcos, Lucas o Juan. Al leer, acuérdate de las verdades que hemos considerado y de que el Creador del universo quiere hablarte hoy a través de Su palabra, la Biblia. ¡Que increíble!

## SESIÓN 1: ¿De Dónde Vengo?

**Parte A — Las Verdades Clave**

Jesús declaró que conoceremos la verdad y ¡la verdad nos hará libres! En las primeras tres sesiones miraremos algunas verdades clave sobre lo que significa ser cristiano.

**BIENVENIDA**

De dos en dos, averigua cuánto puedes llegar a conocer de la otra persona en tan sólo dos minutos. A continuación, en no más de 30 segundos, contesta la pregunta: "¿Quién es él, o ella?"

**ADORACIÓN**

Los planes y promesas de Dios. Salmo 33:10-11; Job 42:2; Proverbios 19:21.

**LA PALABRA**

**Base bíblica:** "El que tiene al Hijo, tiene la vida; el que no tiene al Hijo de Dios no tiene la vida" (1 Juan 5:12).

**Verdad bíblica:** Antes de ser creyentes nos impulsaban las necesidades de aceptación, seguridad e importancia. Ahora que estamos en Cristo, somos hijos de Dios con vida espiritual — aceptados, seguros e importantes.

## ¿Qué Comprende Mi Verdadero "Yo"?

¿Qué comprende mi verdadero "yo"? ¿Mi cuerpo? ¿Lo que poseo? ¿Lo que hago? ¿Lo que pienso?

## Has Sido Creado a Imagen De Dios (Génesis 1:27)

Dios es espíritu y nosotros también tenemos una naturaleza espiritual, que es la persona interior (alma o espíritu). Lo que ha sido creado a imagen de Dios no es la persona exterior (cuerpo) sino la persona interior que tiene la capacidad de pensar, sentir y decidir.

## Fuimos Diseñados Para Estar:

### Físicamente Vivos

Nuestro espíritu conectado a nuestro cuerpo.

### Espiritualmente Vivos

Nuestro espíritu conectado a Dios.

Estar espiritualmente vivos y conectados a Dios quiere decir que Adán y Eva tenían ciertas cualidades de vida tales como:

**1. La Importancia**
**2. La Seguridad**
**3. La Aceptación**

Así es como Dios te creó: una persona con un propósito verdadero, con absoluta seguridad, y con un sentido de pertenencia a Dios y a la humanidad.

Si te sientes cómodo para decirlo, comparte cómo llegaste a este curso. ¿Qué esperas sacar de él?

Imagina la vida cotidiana de Adán y Eva en el estado en el que fueron creados; ¿en qué era diferente de la tuya?

¿En qué crees que pensaban ellos a la hora de acostarse cada noche?

## La Consecuencia De La Caída

### La Muerte Espiritual

Los efectos del pecado de Adán y Eva pueden resumirse en una palabra: -muerte-. Algunos de los resultados de esa muerte espiritual para ellos (y en consecuencia, para nosotros) fueron:

### 1. El conocimiento de Dios se perdió

"A causa de la ignorancia que los domina y por la dureza de su corazón, éstos tienen oscurecido el entendimiento y están alejados de la vida que proviene de Dios" (Efesios 4:18).

### 2. Las emociones negativas

Se sentían:

- ansiosos y temerosos
- culpables y avergonzados
- rechazados
- débiles e impotentes
- y estaban deprimidos y enfadados

# Intentos De Regresar Al Estado Original

## Lo Mejor Que Nos Ofrece El Mundo No Funciona

El mundo nos ofrece varias **fórmulas falsas** que prometen recobrar lo que Adán y Eva perdieron:

> **Productividad + Logros personales = Importancia**
>
> **Estatus + Reconocimiento = Seguridad**
>
> **Apariencia + Admiración = Aceptación**

"... lo más absurdo de lo absurdo, ¡todo es un absurdo!" (Eclesiastés 1:2).

## Obedecer Las Reglas Tampoco Funciona

### REFLEXIÓN 2

**¿Cuáles fueron las consecuencias del pecado de Adán y Eva para nosotros? ¿Con cuáles de ellas te identificas más, y por qué? Repasa las fórmulas (escritas en el primer párrafo de esta página) que el mundo ofrece. En general, ¿cómo procura la gente suplir las necesidades que sienten de ser importantes, sentirse seguros y aceptados? Da ejemplos de tu propia experiencia o de lo que has observado en otras personas.**

## ¿A Qué Vino Jesús?

## A Devolvernos La Vida Espiritual

La única solución posible para nosotros es la restauración de nuestra relación con Dios, la reconexión de nuestro espíritu con el de Dios, a fin de que podamos estar de nuevo espiritualmente vivos.

"... yo he venido para que tengan vida, y para que la tengan en abundancia" (Juan 10:10)."

En el principio ya existía el Verbo... En él estaba la **vida**, y la **vida** era la luz de la humanidad" (Juan 1:1-4).

"Yo soy la resurrección y la **vida**; el que cree en mí, **vivirá** aunque muera" (Juan 11:25).

Lo que Adán perdió fue la **vida**. Lo que Jesús vino a darnos fue **vida**.

## A Restaurar la Importancia, la Seguridad y la Aceptación

¿Piensas que la vida eterna es algo que recibirás cuando mueras? Es mucho más que eso; es una nueva calidad de vida que puedes experimentar **ahora mismo.**

"El que tiene al Hijo, tiene la vida; el que no tiene al Hijo de Dios no tiene la vida" (1 Juan 5:12) .

Entonces, la necesidad de definir una identidad, de ser aceptados, estar seguros y ser importantes sólo encuentra respuesta en Jesucristo.

## REFLEXIÓN 3

De las declaraciones que hemos leído, ¿te ha sorprendido alguna? ¿Por qué? De las declaraciones que hemos leído, ¿cuál de ellas te ha levantado el ánimo?¿Por qué? Si Dios declara algo acerca de nosotros, pero no sentimos que sea verdad ¿cómo podemos responder?

## TESTIFICAR

¿Qué hace la gente, por lo general, para sentirse importante, segura y apreciada? ¿Cómo le explicarías a un vecino que no es cristiano que estas cosas sólo se encuentran en Cristo?

## ESTA SEMANA

Lee en voz alta cada día, en las páginas 15 y 16, cómo restaura Cristo la importancia, la seguridad y la aceptación. Escoge el elemento que sea más importante para ti, lee la frase bíblica en su contexto y pídele a Dios que te ayude a entenderlo mejor.

## Soy Importante:

Ya no soy insignificante, inadecuado ni estoy sin esperanza. **En Cristo soy muy importante y especial. Dios dice:**

| | |
|---|---|
| Mateo 5:13,14 | Que soy la sal de la tierra y la luz del mundo. |
| Juan 15:1,5 | Que soy un sarmiento de la vid verdadera, Jesús, y un canal que transporta vida. |
| Juan 15:16 | Que Dios me ha elegido y destinado para llevar fruto. |
| Hechos 1:8 | Que soy testigo personal de Cristo, capacitado por el Espíritu Santo. |
| 1 Corintios 3:16 | Que soy templo de Dios. |
| 2 Corintios 5:17-21 | Que soy ministro de Dios para reconciliación. |
| 2 Corintios 6:1 | Que soy colaborador con Dios. |
| Efesios 2:6 | Que estoy sentado en lugares celestiales con Cristo Jesús. |
| Efesios 2:10 | Que soy hechura de Dios, creado para buenas obras. |
| Efesios 3:12 | Que tengo libre acceso a Dios, con confianza. |
| Filipenses 4:13 | Que puedo hacer todo por medio de Cristo que me fortalece. |

## Tengo Plena Seguridad:

Ya no soy culpable, ni estoy desprotegido, solo o abandonado. **En Cristo tengo total seguridad. Dios dice:**

| | |
|---|---|
| Romanos 8:1-2 | Que estoy exento para siempre de cualquier condenación. |
| Romanos 8:28 | Que todas las cosas ayudan para el bien de los que aman a Dios. |
| Romanos 8:31-34 | Que estoy libre de cualquier acusación contra mí |
| Romanos 8:35-39 | Que nada puede separarme del amor de Dios. |
| 2 Corintios 1:21,22 | Que he sido afirmado, ungido y sellado por Dios. |
| Filipenses 1:6 | Que Dios perfeccionará la buena obra que comenzó en mí. |

| | |
|---|---|
| Filipenses 3:20 | Que soy ciudadano del cielo. |
| Colosenses 3:3 | Que estoy escondido con Cristo en Dios. |
| 2 Timoteo 1:7 | Que no se me ha dado espíritu de cobardía sino de poder, de amor y de dominio propio. |
| Hebreos 4:16 | Que puedo obtener gracia y misericordia en tiempos de necesidad. |
| 1 Juan 5:18 | Que he nacido de Dios, y el maligno no me puede tocar. |

## Soy Aceptado:

Ya no soy rechazado, no amado y ya no estoy sucio. **En Cristo, soy completamente aceptado. Dios dice:**

| | |
|---|---|
| Juan 1:12 | Que soy hijo de Dios. |
| Juan 15:15 | Que soy amigo de Dios. |
| Romanos 5:1 | Que he sido justificado. |
| 1 Corintios 6:17 | Que estoy unido al Señor, en un solo espíritu con él. |
| 1 Corintios 6:19,20 | Que he sido comprado por precio; pertenezco a Dios. |
| 1 Corintios 12:27 | Que soy miembro del cuerpo de Cristo. |
| Efesios 1:1 | Que soy uno de los santos en Jesucristo. |
| Efesios 1:5 | Que he sido adoptado por Dios. |
| Efesios 2:18 | Que tengo acceso directo a Dios por el Espíritu Santo. |
| Colosenses 1:14 | Que he sido redimido y he recibido el perdón de todos mis pecados. |
| Colosenses 2:10 | Que estoy completo en Cristo. |

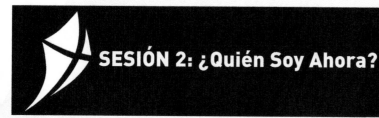

# SESIÓN 2: ¿Quién Soy Ahora?

**BIENVENIDA**

Imagina que estás hablando con alguien que no es cristiano. ¿Podrías, en pocas palabras, resumir el mensaje del evangelio? O: ¿Cómo te presentaron el evangelio cuando te convertiste?

**ADORACIÓN**

Démonos cuenta de lo mucho que Dios nos ama y se deleita en nosotros. Efesios 3:16-19; Sofonías 3:17: 2 Corintios 3:18; Hebreos 12:1-2; Salmo 103:8-17.

**LA PALABRA**

**Base bíblica:** "Por lo tanto, si alguno está en Cristo, es una nueva creación. ¡Lo viejo ha pasado, ha llegado ya lo nuevo! (2 Corintios 5:17).

**Verdad bíblica:** Tu decisión de seguir a Cristo fue el momento más importante de tu vida; como resultado, has sido completamente transformado.

## ¿Quién Soy Ahora?

Anteriormente "...éramos por naturaleza objeto de la ira de Dios" (Efesios 2:3).

Creer en Cristo ha sido la decisión más importante que has tomado en tu vida. Todo cambió.

Presta atención a los tiempos de los verbos en los versículos siguientes:

"...si alguno **está** en Cristo, **es** una nueva creación" (2 Corintios 5:17). ¿Es posible pertenecer en parte a la vieja creación y en parte a la nueva?

"Porque antes **erais** oscuridad, pero ahora **sois** luz en el Señor" (Efesios 5:8).

¿Puedes ser parcialmente luz y parcialmente oscuridad?

"Él **nos** libró del dominio de la oscuridad y **nos** trasladó al reino de su amado Hijo..." (Colosenses 1:13). ¿Puedes estar en los dos reinos?

## Somos Santos — No Pecadores

"...cuando todavía éramos pecadores, Cristo murió por nosotros" (Romanos 5:8). Si nuestra identidad ya no es la de un "pecador", entonces ¿qué somos?

En el Nuevo Testamento la palabra "pecador" se usa más de 300 veces refiriéndose a los que no han creído en Jesucristo. En cambio, a los creyentes se les llama "santos" más de 200 veces. La palabra "santo" quiere decir una persona justa o apartada para Dios. Hasta el más nuevo en la fe cristiana es un santo.

Somos santos no a causa de nuestra propia bondad o de lo que hayamos hecho, sino a causa de nuestra nueva identidad y posición "en Cristo".

### REFLEXIÓN 1

Mira otra vez la lista titulada "La importancia, la seguridad y la aceptación restauradas en Cristo", en la última sesión.

¿Cuál de los tres conceptos te ha impactado más? ¿Por qué? ¿Qué ocurrió realmente cuando creíste?

¿Qué cambios en tu vida notaste al hacerte cristiano?

Ya que un creyente es capaz de pecar, ¿Crees que es acertado decir que ya no somos pecadores, sino santos que pecan de vez en cuando? ¿O es simplemente un juego de palabras? ¿Por qué? ¿Por qué es importante que te veas a ti mismo como algo más que una persona perdonada de sus pecados?

## No Sólo Perdonado, Sino Una Persona Completamente Nueva.

## Los Cambios Importantes De Comportamiento Vienen De Saber Que Eres Una Persona Completamente Nueva.

Si te consideras un pecador perdonado (pero todavía un pecador), ¿a qué volverás una y otra vez? Al pecado, lo más probable. Si quieres ver un cambio en tu manera de vivir, tendrás que verte a ti mismo como alguien más, no simplemente como una persona perdonada de sus pecados.

Si te encontraras con una persona muerta y quisieras resucitarla, tendrías que hacer dos cosas:

1. Averiguar cómo curar la causa de su muerte (en nuestro caso pecado) y

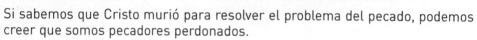

2. Devolverle la vida.

Si sabemos que Cristo murió para resolver el problema del pecado, podemos creer que somos pecadores perdonados.

Conocer la verdad que dice que hemos recobrado la vida que Adán perdió y que somos santos, es esencial si queremos vivir una vida que glorifique a Dios.

## Serás Derrotado Si No Te Das Cuenta De Que Eres Una Persona Totalmente Nueva.

Satanás no puede hacer nada para cambiar el hecho concreto de quien eres ahora. Pero si logra conseguir que creas una mentira acerca de quién eres, puede estropear tu caminar con el Señor.

No te salvas por tu **comportamiento**, sino por tu **fe**.

## Cómo Agradar A Dios

### ¿Qué Ocurre Cuando Pecamos?

La dificultad que tenemos para vernos como santos en vez de como pecadores se debe a que somos muy conscientes de que a veces cometemos pecados.

### No Es Inevitable — Pero A Veces Caemos.

"Si afirmamos que no tenemos pecado, nos engañamos a nosotros mismos y no tenemos la verdad" (1 Juan 1:8).

Tú no eres un pecador en las manos de un Dios enfadado, tú eres un santo en las manos de un Dios amoroso.

### Nuestra Relación Principal Con Nuestro Padre Celestial No Cambia Cuando Pecamos.

"Mis queridos hijos, os escribo estas cosas para que no pequéis. Pero si alguno peca, tenemos ante el Padre a un intercesor, a Jesucristo, el Justo" (1 Juan 2:1).

### Se Restaura La Armonía Con Dios Cuando Nos Volvemos A Él Y Abandonamos El Pecado.

Una relación armoniosa se basa en la confianza y la obediencia. Al faltar una u otra, la calidad de la relación queda afectada.

### Dios No Nos Condena.

"Por lo tanto, ya no hay ninguna condenación para los que están unidos a Cristo Jesús" (Romanos 8:1). Dios no es un sargento gruñón buscando nuestras faltas. No tenemos que ganarnos el derecho de estar otra vez "bajo la gracia". Ya estamos bajo Su gracia por lo que Jesús hizo.

Saber que puedes arrepentirte y volver directamente a Dios cuando has pecado, y saber que ya estás perdonado, son lecciones claves en tu madurez como creyente.

## REFLEXIÓN 2

**Imagina que el diablo te ha engañado y has hecho algo que sabes que está mal. En el momento que te das cuenta, ¿qué debes hacer?**

**¿Qué puedes hacer si has hecho algo malo y te sientes bajo condenación? (Lee Romanos 8:1; Hebreos 10:16-22; 1 Juan 1:8 2:2).**

## No Hace Falta Esforzarnos En Ser Lo Que Ya Somos

¿Qué puedes hacer para que Dios te acepte? ¡Nada! Dios te acepta tal como eres simplemente por lo que Cristo ya ha hecho.

No es lo que **hacemos** lo que determina quienes **somos**. Es quienes **somos** lo que determina qué **hacemos**.

No hace falta actuar como creemos que un creyente debe actuar. Sólo necesitamos ser lo que ya somos – hijos de Dios.

Una transformación progresiva hacia ser una persona mejor no es la meta del evangelio. Se trata de reconocer que la transformación ocurrió en el momento en que recibimos a Cristo.

### TESTIFICAR

Si un vecino te preguntara cual es la diferencia entre una persona cristiana y otra que aún no lo es, ¿qué le dirías? ¿Crees que un cristiano es en algún modo mejor que un no-cristiano? Qué le dirías a alguien que te preguntara: "¿Por qué debo hacerme cristiano?"

### ESTA SEMANA

Lee la siguiente página titulada "Mi Padre Dios" cada día en voz alta. Escoge una frase que te llame la atención y léela varias veces en su contexto bíblico. Pídele a Dios que te ayude a comprenderla plenamente.

| Renuncio a la mentira<br>De que mi padre Dios: | Acepto gozoso la verdad<br>de que mi Padre Dios: |
|---|---|
| Es distante y no se interesa por mí. | Es cercano y está interesado en mí (Salmo 139: 1-18). |
| Es insensible e indiferente. | Es bueno y compasivo (Salmos 103:8-14). |
| Es rígido y exigente. | Me acepta como soy y está lleno de gozo (Sofonías 3:17; Romanos 15:7). |
| Es pasivo y frío. | Es cariñoso y afectuoso (Isaías 40:11; Óseas 11:3,4). |
| Está ausente o demasiado ocupado para atenderme. | Siempre está conmigo y anhela pasar tiempo conmigo (Jeremías 31:20; Ezequiel 34:11-16 Hebreos 13:5). |
| Nunca está satisfecho con lo que hago, es impaciente y está enfadado conmigo. | Es paciente, lento para la ira y se complace conmigo en Cristo<br><br>(Éxodo 34:6; 2ª Pedro 3:9). |
| Es malo, cruel o abusador. | Es amoroso, dulce y protector para conmigo (Salmo 18:2; Isaías 42:3; Jeremías 31:3). |
| Es alguien que trata de eliminar la alegría de vivir. | Es fiable y quiere darme una vida plena; Su voluntad es buena, agradable y perfecta (Lamentaciones 3:22-23; Juan 10:10; Romanos 12:1-2). |
| Es controlador o manipulador. | Está lleno de gracia y misericordia, y me da la libertad para elegir aunque yo me equivoque (Lucas 15:11-16; Hebreos 4:15 16). |

| **Renuncio a la mentira De que mi padre Dios:** | **Acepto gozoso la verdad de que mi Padre Dios:** |
|---|---|
| Es condenador o que no perdona. | Es tierno de corazón y ama perdonar; Su corazón y Sus brazos siempre están abiertos para mí (Salmos 130:1-4; Lucas 15:17-24). |
| Es un perfeccionista exigente que se fija en pequeñeces. | Está comprometido con mi crecimiento y está orgulloso de mí como hijo que crece (Romanos 8:28-29; 2ª Corintios 7:14; Hebreos 12:5-11). |

### ¡Yo soy la niña de Sus ojos!

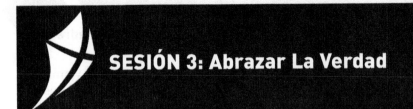

# SESIÓN 3: Abrazar La Verdad

### BIENVENIDA

¿Has recibido respuesta a tus oraciones últimamente? Cuenta tu experiencia. ¿Crees que un ateo tiene menos fe que un cristiano? ¿Y un hindú o un musulmán? ¿O alguien que "simplemente no sabe"?

### ADORACIÓN

El maravilloso carácter de nuestro Padre Dios (ver las declaraciones sobre "Mi Padre Dios", de la semana pasada).

### LA PALABRA

**Base bíblica:** "En realidad, sin fe es imposible agradar a Dios, ya que cualquiera que se acerca a Dios tiene que creer que ÉL existe y que recompensa a quienes lo buscan"
(Hebreos 11:6).

**Verdad bíblica:** Dios es veraz. Descubre que lo que Él dice es la verdad y decide creerle ya sea que tus emociones acompañen o no, y tu vida como creyente será transformada.

## Sin Fe No Podemos Agradar A Dios

### La Fe Es Un Asunto Crucial

Somos salvos por medio de la fe. En toda la Biblia leemos que debemos andar por fe. Una fe real y viva es esencial para andar con Dios.

## La Fe Es Simplemente Creer Lo Que Ya Es Verdad

Descubre lo que es verdad, decide creerlo sin importar cómo te sientes, y tu vida como creyente será transformada.

## Que La Fe Sea Efectiva Depende De En Quién O En Qué Se Cree

### Todos Vivimos Y Operamos Por Fe

No es cuestión de creer o **no** creer. Todo el mundo cree en algo o en alguien.

Cada decisión que tomas, prácticamente cada cosa que haces, demuestra tu fe en algo. Creer que somos meros animales que hemos evolucionado un poco más que el resto de los animales requiere tanta fe como para creer en una creencia religiosa.

### La Única Diferencia Entre La Fe Cristiana y Cualquier Otra Fe Está En Lo Que Creemos.

Es en **quién** creemos (**el objeto de nuestra fe**) que determina que nuestra fe sea efectiva. Es más importante saber en **quién** creemos, que tener mucha o poca fe.

Por eso sólo hace falta tener fe del tamaño de un grano de mostaza (Mateo 17:20) para mover una montaña. No es nuestra fe lo que la mueve, sino Aquel en quien ponemos nuestra fe.

### No Hay Nadie Más Digno De Fe Que Jesucristo

Jesús es el único objeto de fe que jamás nos defraudará, porque "Jesucristo es el mismo ayer y hoy y por los siglos" (Hebreos 13:8).

## REFLEXIÓN 1

¿Crees que un ateo tiene menos fe que un cristiano? ¿Y un hindú o un musulmán? ¿O alguien que "simplemente no sabe"?

Comparte con el grupo sobre alguna ocasión en la que le creíste a Dios sin reservas. ¿Cuál fue el resultado? Un niño dijo una vez: "la fe es cuando te esfuerzas en creer en lo que sabes que no es verdad".

¿Qué te parece la idea de que "la fe es simplemente la decisión de creer en lo que es verdad"?

## Todos Podemos Crecer En Nuestra Fe

**La fuerza de nuestra fe proviene de lo mucho o poco que conocemos a la persona en quien depositamos esa fe.**

La fe consiste en decidirse a creer que lo que Dios dice es verdad, y vivir de acuerdo a lo que Dios dice.

"¿Hasta cuándo vais a seguir indecisos? Si el Dios verdadero es el Señor, debéis seguirlo; pero si es Baal, seguidle a él" (1 Reyes 18:21).

A medida que empieces a vivir por fe en lo que Dios ha declarado ser verdad y descubres que eso funciona, irás conociendo mejor a Dios. Empieza allí donde estás.

Tus **sentimientos** no te conducirán a la **buena conducta**; la buena conducta producirá en ti buenos sentimientos. Empieza con la decisión de creer la verdad. Lo que sientes cambiará a su debido tiempo.

**Verdad**

⬇

**Fe**

⬇

**Conducta**

⬇

**Sentimientos**

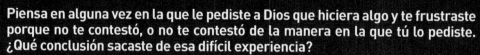

## REFLEXIÓN 2

¿Cómo crecemos en la fe? Da ejemplos.

Piensa en alguna vez en la que le pediste a Dios que hiciera algo y te frustraste porque no te contestó, o no te contestó de la manera en la que tú lo pediste. ¿Qué conclusión sacaste de esa difícil experiencia?

## La Fe Crece En Tiempos Difíciles

Todos nos acordamos de ocasiones en las que Dios no hizo lo que queríamos que Él hiciera. A veces simplemente tenemos que admitir que nuestra poca comprensión de Dios y de su manera de actuar no nos permite discernir si estamos orando de acuerdo con Su carácter y Su voluntad.

Para que crezca nuestra fe, Dios nos coloca, a veces, en situaciones en las que tenemos que decidir dónde pondremos nuestra fe: en Él o en otra cosa.

Dios **es la verdad**. Nuestra responsabilidad es creer la verdad y vivir de acuerdo a ella.

## La Fe Conduce A La Acción

Santiago 2:17-18: La fe por sí sola, si no está acompañada por obras, está muerta. Sin embargo, alguien dirá: "Tú tienes fe, y yo tengo obras". Pues bien, muéstrame tu fe sin las obras, y yo te mostraré la fe por mis obras.

La gente no siempre vive de acuerdo con lo que profesa creer, pero siempre vive de acuerdo con lo que realmente cree.

No importa lo que **digamos**, lo que **hacemos** es lo que demuestra qué creemos. Si quieres saber lo que realmente crees, mira lo que haces.

**TESTIFICAR**

Piensa en alguien que todavía no es creyente. Según la Biblia, ¿por qué no cree? (ver 2 Corintios 4.4; Romanos 10:14-15). Escribe una oración en la que específicamente le pides a Dios que quite los obstáculos que no le permiten creer. Dirige tu oración al Señor confiando en que Él es veraz.

**ESTA SEMANA**

Cada día lee en voz alta la lista en las páginas 28 y 29. Escoge una de las 20 verdades que quieres poner en práctica y hazte a la idea de que vas a creerla aunque tus sentimientos o tus circunstancias no correspondan. A ver si descubres una manera práctica de **poner por obra esa verdad.**

## 20 Verdades Espirituales

1. ¿Cómo voy a pensar que soy débil, si la Biblia dice que todo lo puedo en Cristo que me fortalece (Filipenses 4:13)?

2. ¿Qué puede faltarme, si sé que Dios me proveerá de todo lo que necesito, conforme a las riquezas en gloria en Cristo Jesús (Filipenses 4:19)?

3. ¿Por qué tener miedo, si la Biblia afirma que Dios no me ha dado un espíritu de temor, sino de poder, de amor y de dominio propio (1 Timoteo 1:7)?

4. ¿Cómo me puede faltar la fe para llevar a cabo mi vocación, si sé que Dios me ha dado ya mi medida de fe (Romanos 12:3)?

5. ¿Acaso seré débil mientras que la Biblia dice que el Señor es el baluarte de mi vida y que tendré fuerzas porque conozco a Dios (Salmo 27:1; Daniel 11:32)?

6. ¿Por qué voy a dejar que Satanás domine mi vida, si el que está en mí es más poderoso que el que está en el mundo (1 Juan 4:4)?

7. ¿Cómo voy a verme derrotado cuando la Biblia declara que Dios siempre me lleva triunfante en Cristo (2 Corintios 2:14)?

8. ¿Cómo puede faltarme la sabiduría si Dios ha dicho que Jesucristo

es mi sabiduría, y me la da generosamente si se la pido (1 Corintios 1:30; Santiago 1:5)?

9. ¿Por qué sentirme deprimido mientras pueda recordar que me alcanzan el amor, la compasión, la fidelidad y la esperanza de Dios (Lamentaciones 3:21-23)?

10. ¿Por qué estar preocupado y nervioso, si puedo depositar en él toda mi ansiedad, porque Él cuida de mí (1 Pedro 5:7)?

11. ¿Seré esclavo de algo mientras sé que donde está el Espíritu del Señor, allí hay libertad (1 Corintios 3:17; Gálatas 5:11)?

12. ¿Por qué voy a sentirme condenado, cuando la Biblia dice que no hay ninguna condenación porque estoy unido a Cristo Jesús (Romanos 8:1)?

13. ¿Cómo voy a sentirme solo, si Jesús ha dicho que estará conmigo siempre y que nunca me dejará o abandonará (Mateo 28:20; Hebreos 13:5)?

14. ¿Voy a sentirme víctima de una maldición o de la mala suerte? La Biblia afirma que Cristo me rescató de la maldición de la Ley para recibir su Espíritu (Gálatas 3:13-14).

15. ¿Por qué estar descontento cuando, igual que el apóstol Pablo, puedo aprender a estar satisfecho en cualquier situación (Filipenses 4:11)?

16. ¿Por qué sentirme inútil, si Dios trató a Cristo como pecador para que en Él yo recibiera la justicia de Dios (2 Corintios 5:21)?

17. ¿Padeceré un complejo de persecución, mientras sé que Dios está de mi parte y nadie puede estar en mi contra (Romanos 8:31)?

18. ¿Por qué sentirme confuso, cuando Dios es el autor de la paz y Él me da entendimiento por Su Espíritu (1 Corintios 14:33; 1 Corintios 2:12)?

19. ¿Por qué sentirme un fracasado, cuando soy más que vencedor por medio de aquel que me amó (Romanos 8:37)?

20. ¿Voy a dejar que me afecten las presiones de la vida, cuando sé que Jesús ha vencido al mundo con sus aflicciones (Juan 16:33)?

### Parte B — El Mundo, La Carne y El Diablo

Cada día el mundo, la carne y el diablo se esfuerzan por apartarnos de la verdad. Comprender cómo obran nos ayuda a mantenernos firmes.

### BIENVENIDA

Si pudieras viajar a cualquier parte de la tierra, ¿a dónde irías? ¿Crees que si te hubieras criado en otra cultura, tu manera de ver el mundo y tu manera de pensar serían diferentes?

### ADORACIÓN

La singularidad de Jesús. Juan 14:6; Efesios 1:17-23; 1 Corintios 1:30; Filipenses 2:5-11.

### LA PALABRA

**Base bíblica:** No os amoldéis al mundo actual, sino sed transformados mediante la renovación de vuestra mente. Así podréis comprobar cuál es la voluntad de Dios, buena, agradable y perfecta (Romanos 12:2).

**Verdad Bíblica:** El mundo en el cual nos criamos formó nuestra perspectiva de la vida; esta manera de ver las cosas es nuestra "verdad". Sin embargo, si nuestra perspectiva no está de acuerdo con lo que Dios dice, debemos modificar nuestra perspectiva y conformarla a la verdad de Dios.

## ¿Qué Es "El Mundo"?

"En otro tiempo vosotros estabais muertos en vuestras transgresiones y pecados, en los cuales andabais conforme a los poderes de este mundo. Os conducíais según el que gobierna las tinieblas, según el espíritu que ahora ejerce su poder en los que viven en la desobediencia" (Efesios 2:1, 2).

El mundo es el sistema o la cultura en el cual crecimos y vivimos.

A Satanás se le llama el "príncipe de este mundo" (Juan 12:31). Hasta cierto punto es él quien manipula lo que sucede en el mundo.

## Las Tácticas Del Mundo

### Táctica 1: El Mundo Promete Satisfacer Nuestras Necesidades.

Fuimos creados con las necesidades de seguridad, importancia y aceptación que la vida espiritual debía de suplir. Instintivamente las buscamos en el mundo, el cual nos proporciona sus falsas ecuaciones (ver p.13).

1 Juan 2:15-17 nos ayuda a entender los tres canales por medio de los cuales el mundo nos apela:

### Los Malos Deseos Del Cuerpo

Cuanto más actuamos según las mentiras del mundo, más se afirman nuestros malos hábitos y nos controlan.

### La Codicia De Los Ojos

El mundo presenta mucho de su atractivo por medio de imágenes visuales. Jesús dijo que el ojo es "la lámpara del cuerpo" (Mateo 6:22-23).

### La Arrogancia De La Vida

El mundo nos tienta para que hagamos alarde de nuestra vida basándonos en la mentira de que nuestros logros o posesiones nos hacen importantes.

## REFLEXIÓN 1

Comparte ejemplos de las veces que has caído en las falsas ecuaciones que el mundo te ofrece:

Productividad + Logros personales = Importancia

Estatus + Reconocimiento = Seguridad

Apariencia + Admiración = Aceptación

¿Cuál de los canales – los malos deseos del cuerpo, la codicia de los ojos o la arrogancia de la vida – tiene más poder sobre ti? (ver 1 Juan 2:15-17). De los ojos o la arrogancia de la vida – ¿Cuál tiene más poder sobre ti? (ver 1 Juan 2:15-17).

## Táctica 2: El Mundo Presenta Una Visión Global Pero Falsa De La Realidad

## Todos Tenemos Una "Visión" Del Mundo

Todos desarrollamos una concepción de la realidad —una cosmovisión— formada mayormente por la época y el lugar en el que nacimos y crecimos. Las percepciones de la realidad cambian, pero la realidad, no.

Tu visión del mundo es como un filtro; todo lo que ocurre alrededor de ti lo pasas por ese filtro para determinar su significado. Si ese filtro falla, te llevará a conclusiones erróneas sobre la vida. A continuación hay algunos ejemplos de diversas cosmovisiones:

### 1. Cosmovisión No-Occidental: "Animismo"

- Cree que nuestras vidas son controladas por un poder universal y por una diversidad de espíritus.
- Se necesita un experto para manejar los poderes espirituales en nuestro beneficio.

### 2. Cosmovisión Occidental o "Moderna"

- Divide la realidad en dos esferas, la "natural" y la "sobrenatural", pero se enfoca sólo en la esfera natural.
- Las cosas espirituales son irrelevantes para la vida diaria.
- La realidad se define únicamente por lo que se puede ver, tocar y medir.

### 3. Cosmovisión Postmoderna

- No hay tal cosa como verdad objetiva.
- Cada persona tiene su propia versión de la "verdad".
- La "verdad" de cada uno es tan válida como la de otro.
- Si no estás de acuerdo con mi "verdad" o desapruebas mis acciones, entonces me estás **rechazando.**

## La Cosmovisión Bíblica: Una Visión Auténtica

- La verdad existe

- Dios es la verdad

- La fe y la razón no son incompatibles

Piensa en la pregunta más importante que todos enfrentamos en este mundo: ¿Qué ocurre cuando morimos?

- El Hinduismo enseña que cuando un alma muere se reencarna en otra forma de vida.

- El Cristianismo dice que el alma permanecerá por la eternidad en el cielo o en el infierno.

- Los ateos creen que no tenemos alma y que al morir nuestra existencia simplemente termina.

- El Posmodernismo dice que puedes creer lo que quieras siempre que no hagas daño a nadie.

Lo que tú crees que va a suceder cuando mueras ¿determina lo que realmente va a ocurrir? ¿O todas las personas pasarán por las mismas experiencias después de la muerte, sin importar lo que creyeron antes?

Lo más lógico es que todos tengamos la misma experiencia sin importar lo que hayamos creído antes de morir.

Siendo Dios veraz, toda verdad genuina le pertenece, y es la misma para todos y en todas partes, sin depender de dónde y cuándo nació cada uno.

## REFLEXIÓN 2

**¿Reconoces que has sido influenciado por una de las cosmovisiones no bíblicas que hemos examinado? ¿Cuál de ellas? ¿Tendrías otra cosmovisión si hubieras nacido en otra parte del mundo?**

**Cuando explicamos que Jesús se proclamó a sí mismo el único camino a Dios, ¿cómo evitamos la apariencia de arrogancia?**

## Táctica 3: Mezcla De Ideas

Todos tenemos un conjunto de ideas básicas – nuestra cosmovisión original. Cuando creemos en Cristo, fácilmente podemos cometer el error de simplemente añadir una capa de ideas cristianas sobre la vieja cosmovisión.

En un apuro volvemos a nuestro antiguo sistema de creencias, si no nos damos cuenta de que el mundo no es como lo habíamos concebido siempre.

"La fe cristiana no es verdad por el hecho de que funciona; funciona porque es verdad... No es simplemente 'la verdad para nosotros'; es verdad para cualquiera que busca la verdad, porque la verdad es verdad aunque nadie la crea, y la mentira es mentira aunque todo el mundo la crea". (Os Guiness, Time for Truth, Baker Books, 2000, pp. 79, 80).

## REFLEXIÓN 3

**Da un ejemplo de cómo un creyente puede mezclar su fe con otras cosmovisiones. ¿Ves alguna evidencia de este hecho en tu propia vida?**

**Os Guiness dice que la fe cristiana no es verdad por el hecho de que funciona; funciona porque es verdad. ¿Qué medios puedes usar para determinar si una cosmovisión es verdadera? ¿Te has decidido a rechazar los valores impuestos por el mundo y ceñirte a la realidad tal como te la presenta la Biblia? Si ésta es tu decisión, ¿cómo puedes mantenerte fiel mientras sigues viviendo en una cultura que tiene otra cosmovisión?**

### TESTIFICAR

¿Cómo te ayuda, cuando hablas a la gente que aún no cree en Cristo, la comprensión de que todos crecemos con una manera particular de mirar el mundo? ¿Qué les dirías a los posmodernistas que dicen que toda creencia firme es negativa?

### ESTA SEMANA

Pídele al Espíritu Santo que te guíe a toda verdad, y que te revele las mentiras que has creído como consecuencia de haber crecido con una cosmovisión no bíblica.

# SESIÓN 5: Nuestra Decisión Diaria

**BIENVENIDA**

¿Qué te gustaría hacer si supieras que no ibas a fallar?

**ADORACIÓN**

Adora a Dios por lo que Él es. Hebreos 13:5; Apocalipsis 19:5; Salmo 99:9; 1 Crónicas 29:11-13

**LA PALABRA**

**Base bíblica:** "Sin embargo, vosotros no vivís según la naturaleza pecaminosa sino según el Espíritu, si es que el Espíritu de Dios vive en vosotros" (Romanos 8:9).

**Verdad bíblica:** Aunque eres una persona nueva en Cristo, con una naturaleza nueva y tienes la libertad de vivir de acuerdo con lo que el Espíritu Santo te dice, obedecerle no es automático.

## ¿Que Ocurre Cuando Creemos En Cristo?

• Tenemos un nuevo corazón y un nuevo Espíritu en nosotros.

• Tenemos una nueva vida "en Cristo"

• Tenemos un nuevo Señor (Colosenses 1:13)

## ¿Qué Es Lo Que NO Ocurre?

**Nuestro Cuerpo No Cambia.**

**Nuestra "Carne" No Es Quitada.**

La carne es "el impulso de practicar lo que es natural a un ser humano caído".

Se compone de los pensamientos que surgen desde dentro de nosotros, pensamientos contrarios a Dios y a Su Palabra, pero que forman nuestra manera habitual de pensar y como consecuencia, de actuar (ver Romanos 8: 5 -7a).

Tenemos que entrenarnos para pensar de acuerdo a la verdad de Dios, no con la carne; este proceso se llama la "renovación de la mente" en Romanos 12:2.

**El Pecado No ha Muerto**

El pecado está vivo y activo, pero nosotros hemos muerto al pecado (Romanos 6:11).

La "ley del pecado" está todavía en vigor. ¿Cómo puedes superar una ley todavía vigente? Por medio de una ley mayor: "pues... (Cristo Jesús) por medio de la ley del Espíritu de vida me ha liberado de la ley del pecado y de la muerte" (Romanos 8:2).

**Nuestras Opciones**

- aunque ya no estamos obligados a pensar y reaccionar según la carne, podemos escoger hacerlo.

- aunque el pecado no tiene poder sobre nosotros, podemos decidir ceder al pecado.

Nada puede cambiar el hecho de quienes somos ahora y del amor de Dios hacia nosotros, pero el resultado de esta verdad en nuestras vidas diarias depende de lo que decidimos. La decisión tiene que ver con sí creemos lo que Dios dice y actuamos de acuerdo a lo que Él dice.

## Existen Tres Tipos De Personas (1 Corintios 2:14-3:3)

### 1. El Hombre Natural ("la persona sin el Espíritu") 1 Corintios 2:14 y Efesios 2:1-3

La persona que todavía no ha creído en Cristo:

- tiene vida física, pero espiritualmente está muerta.
- está separada de Dios.
- vive una vida independiente de Dios.
- vive según la carne: sus decisiones y comportamiento son dictados por la carne (Gálatas 5:19-21).
- carece de base espiritual con que enfrentarse a los problemas de la vida.

## 2. El Hombre Espiritual — 1 Corintios 2:15

El estado normal de un cristiano:

- Ha sido transformado por la fe en Cristo.
- Su espíritu está unido al Espíritu de Dios.
- Ha recibido el perdón, forma parte de la familia de Dios, reconoce su valor en Cristo.
- Está dirigido por el Espíritu de Dios y no por la carne.
- Su mente se está renovando; deja de lado su vieja manera de pensar y abraza la verdad.
- Sus emociones experimentan la paz y el gozo, en vez de confusión y angustia.
- Se propone andar en el Espíritu y como consecuencia muestra el fruto del Espíritu (Gálatas 5:22,23).
- Todavía tiene una naturaleza carnal, pero la crucifica a diario al reconocer la verdad, que está muerto al pecado (Romanos 6:11-14).

## 3. El Hombre Carnal — 1 Corintios 3:3

Un cristiano con vida espiritual pero que en vez de seguir los impulsos del Espíritu opta por seguir los de la carne. Su vida diaria se parece más bien a la de una persona natural (no cristiana) que a la de una persona espiritual.

- La mente está ocupada con pensamientos equivocados.
- Las emociones negativas le abruman.
- El cuerpo está estresado.
- Una vida en oposición a su identidad en Cristo.
- Sentimientos de inferioridad, culpabilidad, ansiedad, preocupación y duda.
- Tendencia a quedar "atrapado" en ciertos pecados (Romanos 7:15-24).

Lo que está en juego no es su salvación, sino su capacidad de llevar fruto para Cristo.

## REFLEXIÓN 1

En tu experiencia, ¿Es fácil para un creyente actuar de forma poco cristiana? ¿Puedes compartir alguna experiencia propia tuya? ¿Por qué será que hay cristianos que sufren de inseguridad, inferioridad, ansiedad, preocupación, culpabilidad y dudas? ¿Cómo podemos los cristianos levantarnos por encima de la ley del pecado y vencer nuestra inclinación hacia el comportamiento pecaminoso y egoísta?

## ¡Nos Toca A Nosotros!

"Su divino poder, al darnos el conocimiento de aquel que nos llamó por su propia gloria y potencia, nos ha concedido todas las cosas que necesitamos para vivir como Dios manda" (2 Pedro 1:3).

Ya tenemos "toda bendición espiritual en Cristo" (Efesios 1:3).

¿Qué más tiene que hacer Dios para que seas libre en Cristo y que lleves fruto? ¿Podría alguien añadir algo?

## Obstáculos Al Crecimiento

### La Ignorancia

### El Engaño (Colosenses 2:6-8)

Ideas falsas, pero frecuentes:

- "Puede que funcione para otros, pero mi caso es diferente; no va a funcionar conmigo".
- "Yo nunca tendré tanta fe como fulano".
- "Dios nunca podrá usarme".

## Los Conflictos Personales Y Espirituales No Resueltos

El enemigo se aprovecha de nuestro pecado para impedir que avancemos. Muchos han llegado a la fe, pero no se han arrepentido.

Los **Pasos hacia la Libertad en Cristo** son una herramienta que puedes usar para examinar tu vida. Pídele al Espíritu Santo que te muestre las cosas en tu vida de las que no te has arrepentido y que constituyen una puerta abierta a la influencia del enemigo.

## La Decisión De Andar En El Espíritu Ahora Representa Una Opción Real

Una vez que decidimos creer la verdad, no importa cómo nos sintamos y si hemos resuelto los conflictos espirituales, tenemos genuina libertad para escoger cada día. Podemos escoger obedecer los impulsos de la carne o la dirección del Espíritu Santo. Estos dos están en oposición el uno al otro.

Estamos así de nuevo en la posición que Adán y Eva estuvieron antes de la caída, con la capacidad de tomar una decisión libre.

### Andar En El Espíritu:

• No es un mero sentimiento.

• No es tener permiso para hacer todo lo que nos venga en gana: "Porque ésta desea lo que es contrario al Espíritu, y el Espíritu desea lo que es contrario a ella. Los dos se oponen entre si..." (Gálatas 5:17).

• No es tampoco un legalismo: "Pero si os guía el Espíritu, no estáis bajo la ley" (Gálatas 5:18).

### Lo Que Es Andar En El Espíritu:

• Una auténtica libertad: "...y donde está el Espíritu del Señor, allí hay libertad" (2 Corintios 3:17).

• Ser guiados:"Mis ovejas oyen mi voz; yo las conozco y ellas me siguen" (Juan 10:27).

• Caminar al ritmo de Dios y en la dirección correcta: "Venid a mí todos vosotros que estáis cansados y agobiados, y yo os daré descanso. Cargad mi yugo y aprended de mí, pues yo soy apacible y humilde de corazón, y encontraréis descanso para vuestras almas. Porque mi yugo es suave y mi carga es liviana" (Mateo 11:28-30).

## ¿Cómo Sabemos Si Andamos En El Espíritu?

Así como conoces el árbol por sus frutos, sabrás si andas en el Espíritu por los frutos en tu vida (ver Gálatas 5:19-23).

Andar en el Espíritu es una experiencia diaria, de momento a momento. Puedes decidir en cada momento de cada día si quieres andar en el Espíritu o en la carne.

Pero una vez que has comprendido la verdad de quién es Dios y quién eres tú, ¿para qué seguir andando en la carne?

## REFLEXIÓN 2

Lee Gálatas 3:3. Al mirar atrás en tu propia vida, ¿qué ejemplos puedes mencionar de los casos en los que ahora te das cuenta, en los que te sentías impulsado a vivir por tus propias fuerzas, aún siendo cristiano?

¿Por qué piensas que el esforzarse por hacer el bien nunca es suficiente? Si queremos ser guiados por el Espíritu, ¿cómo aprendemos a oír y reconocer Su voz?

### TESTIFICAR

¿Cómo explicarías a una persona no cristiana los beneficios de ser llena del Espíritu, en términos que ella pudiese entender?

### ESTA SEMANA

Proponte cada día, de forma específica, andar en el Espíritu. Pídele al Espíritu Santo que te llene.

# SESIÓN 6: Demoler Fortalezas

 **BIENVENIDA**

¿Cuál ha sido la peor cosa que alguien ha dicho de ti directamente o a tus espaldas? ¿Cómo reaccionaste? ¿Se te quedó en la memoria, o no le diste importancia?

 **ADORACIÓN**

La gracia de Dios. 1 Juan 3:1; Efesios 1:6-8; Juan 1:16.

 **LA PALABRA**

**Base bíblica:** "Destruimos argumentos y toda altivez que se levanta contra el conocimiento de Dios, y llevamos cautivo todo pensamiento para que se someta a Cristo". 2 Corintios 10:5.

**Verdad bíblica:** Todos tenemos áreas en nuestra mente -maneras de pensar- que se resisten a la verdad de Dios. Las llamamos "fortalezas" y describen esos espacios ocupados por las fuerzas enemigas.

## ¿Qué es una fortaleza?

"Cristo nos libertó para que vivamos en libertad" (Gálatas 5:1).

Si tienes dificultad para conectarte con la verdad, probablemente tienes "fortalezas mentales" de las que te hace falta arrepentirte.

Las fortalezas pertenecen a la carne.

El escritor Ed Silvoso define una fortaleza como: "una mentalidad caracterizada por la desesperación, que nos hace creer que una situación, que sabemos es contraria a la voluntad de Dios es imposible de cambiar" (**That**

**None Should Perish**, Ed Silvoso, Regal Books, 1994, p. 155).

Neil Anderson dice: "Las fortalezas son hábitos del pensamiento que no concuerdan con la Palabra de Dios".

Por regla general, se manifiestan en estados de ánimo o comportamientos contrarios a los de Cristo. También se manifiestan cuando no podemos hacer lo que debemos, o dejar de hacer lo indebido. Tienen sus bases en una mentira bien arraigada.

## REFLEXIÓN 1

Lee Romanos 6:1-7. Este pasaje dice que estamos "muertos al pecado" y que "ya no somos esclavos del pecado" ¿Cómo te sientes cuando te encuentras preso de un hábito que sabes que está mal, pero del que no parece haber escape? ¿O cuando te sientes incapaz de hacer algo que sabes que es bueno?

¿Qué te parece que haya cristianos que se conforman con una vida cristiana mediocre?

¿Te acuerdas de algo que una persona haya dicho de ti, que no puedes borrar de la memoria? Dado que Dios es bueno y no nos pide lo imposible, ¿qué esperanza tenemos de cambiar?

## Cómo Se Establecen Las Fortalezas

### Nuestro Ambiente

El mundo caído que habitamos es hostil a Dios:

- Vivíamos en él todos los días antes de conocer a Cristo.

- Hemos sido condicionados para conformarnos a sus normas.

### Experiencias Traumáticas

Por ejemplo, una muerte en la familia, un divorcio, una violación. Estas experiencias, por su intensidad, crean fortalezas. Si lo que crees no refleja la verdad, entonces lo que sientes no reflejará la realidad.

### Las Tentaciones

Las fortalezas se forman y se refuerzan cuando cedemos a una tentación de manera habitual. Toda tentación es un intento de hacerte vivir tu vida sin depender de Dios. La base de la tentación suele ser una necesidad legítima. La cuestión es cómo se va a satisfacer esa necesidad: según el mundo, la carne, el diablo; o según Dios, que promete proveer "de todo lo que necesitéis, conforme a las gloriosas riquezas que tienes en Cristo Jesús" (Filipenses 4:19).

## "El Primer Pensamiento"

"Vosotros no habéis sufrido ninguna tentación que no sea común al género humano. Pero Dios es fiel, y no permitirá que vosotros seáis tentados más allá de lo que podáis aguantar. Más bien, cuando llegue la tentación, él os dará una salida a fin de que podáis resistir" (1 Corintios 10:13).

Dios ha provisto una vía de escape para toda la tentación – justo en el momento cuando la tentación se te presenta en la mente. Es precisamente entonces cuando puedes llevar "cautivo todo pensamiento para que se someta a Cristo" (2 Corintios 10:5).

## REFLEXIÓN 2

**Cuando vienen las tentaciones y parecen invencibles,**

**¿cuáles son los pasajes bíblicos que te pueden reanimar?**

**Si has cedido a una tentación en el pasado, ¿cómo puedes prepararte para vencer cuando se te vuelva a presentar?**

## Los Efectos De Las Fortalezas

### Una Visión Defectuosa De La Realidad

"Mis caminos y mis pensamientos son más altos que los vuestros; ¡más altos que los cielos sobre la tierra!" (Isaías 55:9).

"Confía en el Señor de todo corazón, y no en tu propia inteligencia. Reconócelo en todos tus caminos, y él allanará tus sendas" (Proverbios 3:5-6).

Las fortalezas no nos dejan ver la verdadera realidad por los sentimientos que producen en nosotros.

## Malas decisiones

Tomamos decisiones más correctas cuando nos comprometemos a conocer a Dios y sus caminos. Dios quiere solamente lo mejor para nosotros, y Él sabe qué es lo mejor.

## REFLEXIÓN 3

**¿Te es fácil escoger creer que lo que Dios dice es verdad, aun cuando no sientes que es verdad?**

**¿Puedes pensar en un ejemplo de cuando escogiste así, y compartir cuál fue el resultado?**

## Demoler Fortalezas

¿Debemos tolerar las fortalezas? **¡No!**

"Pues aunque vivimos en el mundo, no libramos batallas como lo hace el mundo. Las armas con las que luchamos no son del mundo, sino que tienen el poder divino para demoler fortalezas. Destruimos argumentos y toda altivez que se levanta contra el conocimiento de Dios, y llevamos cautivo todo pensamiento para que se someta a Cristo" (2 Corintios 10:3-5).

"Verifica si hay virus": una vez que reconocemos el terreno cedido al enemigo, nos damos cuenta de que una fortaleza no es más que una manera habitual de pensar y comportarse.

Podemos cuidar nuestras mentes cuando "llevamos cautivo todo pensamiento para que se someta a Cristo" (2 Corintios 10:5).

## Una Respuesta Completa

Si buscamos una respuesta completa, debemos comprender que nos enfrentamos no sólo con el mundo y la carne, sino también con el diablo. En la próxima sesión estudiaremos el papel del diablo, que de las tres influencias es la más fácil de resolver.

**TESTIFICAR**

¿Te es fácil hablar de Jesús con las personas que no le conocen?

¿Crees que la dificultad puede tener algo que ver con alguna fortaleza en tu mente? Trata de descubrir si hay alguna mentira detrás de esta dificultad; busca una verdad bíblica para contrarrestarla.

**ESTA SEMANA**

Medita sobre estos pasajes: 2 Corintios 10:3-5; Romanos 8:35-39; Filipenses 4:12-13.

# SESIÓN 7: La Mente, Campo De Batalla

**BIENVENIDA**

¿Te ha jugado alguien una mala pasada alguna vez? ¿Se la has jugado tú a alguien?

**ADORACIÓN**

La autoridad de Dios es nuestra autoridad. Colosenses 2:15, 20; Lucas 10:19; Mateo 28:18, 20; Efesios 6:11-18.

**LA PALABRA**

**Base bíblica:** "Poneos toda la armadura de Dios para que podáis hacer frente a las artimañas del diablo" (Efesios 6:11).

**Verdad bíblica:** La batalla tiene lugar en nuestra mente. Si estamos enterados de cómo obra Satanás, no caeremos en sus trampas.

## La Batalla Es Real

Jesús vino para destruir las obras del diablo (1 Juan 3:8).

Entre los que crecimos con la cosmovisión occidental prevalece la tendencia de negar la existencia de la esfera espiritual o, si la aceptamos, actuamos como si no existiera.

Nos guste o no, estamos en la batalla. El apóstol Pablo dice claramente que nuestra lucha "no es contra seres humanos, sino... contra fuerzas espirituales malignas en las regiones celestiales" (Efesios 6:12).

# ¿Quién Es Satanás?

Adán y Eva, en efecto, le cedieron a Satanás el derecho de gobernar este mundo; Jesús le llamó el "príncipe (gobernador) de este mundo" (Juan 12:31).

## Satanás No Es Como Dios

Nosotros hacemos una distinción entre el mundo "natural" y el "sobrenatural". La Biblia, en cambio, diferencia entre el "Creador" y la "creación" (ver Juan 1:3). Igual que nosotros, Satanás es un ser creado, mientras que Dios es el Creador. No hay punto de comparación entre ellos.

## Satanás Solo Puede Estar En Un Lugar A La Vez

Ya que Satanás es un ser creado, deducimos que no puede estar en más de un lugar a la vez. Sólo Dios es omnipresente.

## El Poder Y La Autoridad De Satanás No Se Pueden Comparar Con Los De Dios

En la cruz Jesús desarmó a Satanás por completo (Colosenses 2:15). Jesús está hoy "muy por encima" de todo gobierno y autoridad (Efesios 1:21).

## Satanás No Lo Sabe Todo

Satanás no puede "leer" la mente humana. Podemos presuponer esto por lo que leemos en la Biblia (en el capítulo 2 del libro de Daniel, los hechiceros, haciendo uso de los poderes demoníacos, no pudieron adivinar los pensamientos de Nabucodonosor). Satanás es un ser creado y no posee los atributos de Dios. Sólo Dios es omnisciente.

# Así Obra Satanás

## Con un ejército organizado de ángeles caídos

Satanás trabaja por medio de los "poderes..., autoridades..., potestades... y fuerzas espirituales malignas en las regiones celestiales" (Efesios 6:12).

## Susurra Malos Pensamientos En Nuestra Mente

"El Espíritu dice claramente que, en los últimos tiempos, algunos abandonarán la fe para seguir inspiraciones engañosas y doctrinas diabólicas" (1 Timoteo 4:1).

Tres ejemplos bíblicos de cómo Satanás pone pensamientos en la mente de alguien:

- "Satanás conspiró contra Israel e indujo a David a hacer un censo del pueblo" (1 Crónicas 21:1).

- "Llegó la hora de la cena. El diablo ya había incitado a Judas Iscariote, hijo de Simón, para que traicionara a Jesús" (Juan 13:2).

- "Ananías – le reclamó Pedro –, ¿cómo es posible que Satanás haya llenado tu corazón para que le mintieras al Espíritu Santo y te quedaras con parte del dinero que recibiste por el terreno?" (Hechos 5:3).

Si Satanás es capaz de meter sus pensamientos en nuestras mentes, también los puede hacer parecer que son nuestros pensamientos: **"No valgo nada"; "Soy feo".**

## REFLEXIÓN 1

**¿Hay alguna cosa que has aprendido acerca de Satanás que te ha sorprendido?**

**¿Te parece Satanás más poderoso o menos poderoso de lo que habías imaginado?**

**¿Qué te parece la idea de que algunos de los pensamientos en tu mente podrían haber sido plantados por un espíritu mentiroso y que tu creías que eran los tuyos propios? ¿Puedes identificar ocasiones en las que ha ocurrido esto? ¿Son esos pensamientos siempre completamente falsos?**

## Tentación, Acusación Y Engaño

Si yo te tiento, tú lo sabes. Si yo te acuso, tú lo sabes. Pero si yo te engaño, por definición, tú ignoras lo que te estoy haciendo.

El engaño es la estrategia predilecta de Satanás.

## Satanás Gana Terreno En Nuestras Vidas Por Medio Del Pecado

Efesios 4:26-27 dice que si no haces frente a la ira rápidamente le das espacio al diablo en tu vida.

"A quien vosotros perdonéis, yo también perdono. De hecho, si había algo que perdonar, lo he perdonado por consideración a vosotros en presencia de Cristo, para que Satanás no se aproveche de nosotros, pues no ignoramos sus artimañas" (2 Corintios 2:10-11).

La mayor vía de acceso para el diablo en la vida del creyente es la falta de perdón, que es un pecado.

## La Relación Entre El Creyente y Los Demonios

No estamos hablando de un cristiano siendo "poseído" o lo que es lo mismo, dominado por completo por demonios. En el centro de tu ser, tu espíritu está conectado con el Espíritu de Dios y Satanás no puede tenerte. Estamos hablando de que Satanás puede ejercer una influencia tal sobre tu mente que puede neutralizarte o incluso usarte para sus fines

### REFLEXIÓN 2

Lee 2 Corintios 4:4. ¿Cómo obra Satanás en las vidas de tus amigos no creyentes? Da ejemplos.

¿Qué puedes hacer tú en tal situación? Lee Colosenses 4:2-3. ¿Cómo puedes orar específicamente por ellos?

## Nuestra Defensa

### Entender Nuestra Posición En Cristo

Efesios 1:19-22 dice que Jesús está sentado a la derecha de Dios, el mayor centro de poder y autoridad, "muy por encima de todo gobierno y autoridad, poder y dominio".

"Y en unión con Cristo Jesús, Dios nos resucitó y nos hizo sentar con él en las regiones celestiales" (Efesios 2:6).

Por la obra de Cristo completada en la cruz, la iglesia ha recibido el poder y la autoridad de continuar Su obra. Nuestra autoridad es para hacer la voluntad de Dios, nada más y nada menos. Y tenemos el gran poder de Dios mientras estemos llenos del Espíritu Santo y seamos controlados por Él.

### Usar Los Recursos Que Tenemos En Cristo

Aunque ha sido derrotado, Satanás todavía "ronda como león rugiente, buscando a quien devorar" (1 Pedro 5:8 ). Pero se nos han dado los recursos necesarios para hacerle frente. El apóstol Pablo nos manda a que nos pongamos toda la armadura de Dios y que nos mantengamos firmes (Efe. 6:11-20).

"Así que someteos a Dios. Resistid al diablo, y él huirá de vosotros" (Santiago 4:7).

Esta es la clave para los ciclos de pecado y confesión. No solo que confieses tus pecados sino que también resistas al diablo.

## No Tengas Miedo

Los demonios temen a los cristianos que conocen el alcance del poder y la autoridad que tienen en Cristo.

No hay motivo para tenerles miedo.

"Sabemos que el que ha nacido de Dios no está en pecado. Jesucristo, que nació de Dios, le protege, y el maligno no llega a tocarle" (1 Juan 5:18).

## Cuida Tu Mente

"...disponeos para actuar con inteligencia" (1 Pedro 1:13).

La Biblia nunca dice que debemos dirigir nuestros pensamientos hacia adentro o pensar pasivamente, sino hacia afuera y activamente. Dios no pasa por encima de nuestra mente; obra a través de ella.

### Enciende La Luz

Satanás no tiene ningún poder sobre nosotros a no ser que nos engañe y logre convencernos de que sí tiene ese poder. Le damos tal poder sobre nosotros solamente cuando fallamos en creer la verdad.

Enfrenta las mentiras del diablo con la verdad de Dios, y su poder se desvanecerá. Jesús oró al Padre: "No te pido que los quites del mundo, sino que los protejas del maligno... Santifícalos en la verdad; tu palabra es la verdad" (Juan 17:16-17).

Intentar no tener pensamientos negativos no funciona. Como cristianos no estamos llamados a disipar las tinieblas; somos instruidos a encender la luz.

No te enfoques en lo falso; conoce íntimamente lo que es real y verdadero. Llena tu mente con cosas positivas.

"No os inquietéis por nada; más bien, en toda ocasión, con oración y ruego, presentad vuestras peticiones a Dios y dadle gracias. Y la paz de Dios, que sobrepasa todo entendimiento, cuidará vuestros corazones y vuestros pensamientos en Cristo Jesús. Por último, hermanos, considerad bien todo lo verdadero, todo lo respetable, todo lo justo, todo lo puro, todo lo amable, todo lo digno de admiración, en fin, todo lo que sea excelente o merezca elogio" (Filipenses 4:6-8).

## REFLEXIÓN 2

**Qué representa, en la práctica, ponerse toda la armadura de Dios?**

**Si te despertaras por la noche con la sensación de que un espíritu malévolo está en tu habitación, en base a Santiago 4:7 y lo que has aprendido en esta sesión, ¿cuál sería una buena manera de proceder?**

### TESTIFICAR

¿Cómo crees que Satanás actúa en las vidas de tus amigos no creyentes? ¿Qué puedes hacer por ellos?

### ESTA SEMANA

Medita en estos versículos: Mateo 28:18; Efesios 1:3-14; Efesios 2:6-10; Colosenses 2:13-15.

# SESIÓN 8: La Vida Emocional Equilibrada

### Parte C — Romper Con El Pasado

Dios no cambia nuestro pasado, pero por su gracia nos hace libres del pasado. En esta sección del curso practicaremos los ejercicios llamados los **Pasos hacia la libertad en Cristo**.

### BIENVENIDA

¿Te consideras una persona emotiva? Comparte con el grupo sobre un acontecimiento que te haya ocurrido y causado una fuerte emoción de dolor o de alegría.

### ADORACIÓN

Dios nos hizo muy bien y nos conoce perfectamente (Sal. 139).

### LA PALABRA

**Base bíblica:** "Depositad en él toda ansiedad, porque él cuida de vosotros. Practicad el dominio propio y manteneos alerta. Vuestro enemigo el diablo ronda como león rugiente, buscando a quien devorar" (1 Pedro 5:7,8).

**Verdad bíblica:** Nuestras emociones son mayormente el producto de nuestros pensamientos y el barómetro de nuestra salud espiritual.

## No Podemos Controlar Directamente Cómo Nos Sentimos

### La Conexión Entre La Persona Interior Y La Exterior

Nuestro ser interior (alma/espíritu) fue diseñado para funcionar en armonía con nuestro ser exterior (cuerpo). Hay una obvia correlación entre el cerebro y la mente.

El cerebro funciona como el hardware de un ordenador. La mente es como el software. La Biblia enfatiza el rol de la mente – escoger la verdad, creer la verdad, llevar cautivo todo pensamiento, etcétera.

## Lo Que Podemos Controlar Y Lo Que No Podemos Controlar

No podemos controlar directamente nuestras emociones. Sin embargo, con el tiempo, las podemos modificar cambiando lo que sí podemos controlar: nuestras creencias y acciones.

## Las Emociones Son El Resultado De Lo Que Escogemos Creer

Nuestras emociones son para el alma lo que nuestra capacidad de sentir dolor físico es para el cuerpo.

Si lo que crees no corresponde a la verdad, entonces lo que sientes no reflejará la realidad. Los acontecimientos de la vida no determinan quién eres ni lo que sientes, sino tu percepción de esos eventos.

Cuanto más nos comprometamos con la verdad y escojamos creer que lo que Dios dice es verdad, cada vez veremos nuestras circunstancias más con la perspectiva de Dios, y menos control tendrán nuestros sentimientos sobre nosotros.

## Como Cambiar Lo Que Sentimos

Una de las principales causas del estrés es pensar que, por nuestras experiencias y fracasos del pasado, somos seres inútiles y no hay esperanza para nosotros. Pero ningún cristiano es inútil o no tiene esperanza. Cuando conocemos y creemos la verdad, volvemos a recuperar la salud espiritual y emocional.

## REFLEXIÓN 1

¿Qué te parece esta frase?: "No son tus circunstancias las que determinan cómo te sientes, sino cómo ves tú esas circunstancias".

Si eres propenso a abrumarte con emociones negativas, ¿cómo puedes empezar a ver las cosas de una manera más saludable y de acuerdo con la verdad de la Palabra de Dios?

Si luchas con tus emociones, ¿por qué no crearte un Botiquín de Primeros Auxilios Espirituales que pueda ayudarte? La idea es que juntes varias cosas que tú sabes que te serán útiles cuando te encuentres vulnerable y puedas echar mano cuando las necesites. Serán cosas que apunten hacia la verdad, como un versículo que leer, el número de teléfono de un amigo, una oración escrita, un libro o un pasaje de un libro, una canción de alabanza. Anótalas en las líneas de la siguiente página.

## MI BOTIQUÍN DE PRIMEROS AUXILIOS ESPIRITUALES

_____

_____

_____

_____

_____

_____

_____

## Seguir Los Sentimientos Nos Hace Vulnerables
## Al Ataque Espiritual

Los sentimientos no conducen al buen comportamiento. **Es el comportamiento el que te lleva a los buenos sentimientos.** Comenzamos por escoger creer la verdad, lo cual afecta nuestras acciones. Esto, con el tiempo, produce un cambio en los sentimientos.

Verdad ➡ Fe ➡ Acciones ➡ Sentimientos

Si fallamos a la hora de manejar las emociones como la ira (Efesios 4:26-27) y la ansiedad (1 Pedro 5:7-9), con toda seguridad que nos veremos en problemas.

## Tres Maneras De Manejar Nuestras Emociones:

### 1. Tapándolas (supresión)

La supresión ocurre cuando ignoramos nuestros sentimientos o decidimos no enfrentarlos. Es deshonesto y nada saludable.

### 2. Explotando (expresión incontrolada)

La expresión indiscriminada de los sentimientos hace daño a quienes nos rodean. Ver Santiago 1:19,20.

### 3. Siendo Honestos (reconocimiento)

Lo más sano es ser honestos y reconocer cómo nos sentimos, primero delante de Dios, luego frente a otros.

## REFLEXIÓN 1

Cuando algo produce fuertes emociones en ti, ¿cómo tiendes a responder?

Lee Salmo 109:6-15. ¿Te sorprende encontrar algo así en la Biblia?

Acuérdate que es la santa, inspirada y perfecta Palabra de Dios. ¿Has tenido alguna vez una reacción tan fuerte hacia otra persona? ¿Cómo respondiste? ¿Por qué es importante decirle a Dios lo que realmente sientes frente a tus circunstancias?

¿Puede haber algo que contarle a Dios que él no sepa?

Podemos acercarnos a los asuntos de la vida enfocándonos en la verdad o en los sentimientos. Si comenzamos con la verdad en la palabra de Dios y escogemos creerla, se verá en nuestro comportamiento y posteriormente en nuestras emociones. Pero si comenzamos con los sentimientos llegaremos a conclusiones muy diferentes. A continuación hay tres ejemplos de situaciones que podemos enfrentar, seguidos por un diagrama que muestra el resultado probable si partimos de la verdad, y otro si partimos de los sentimientos. ¿Te parece razonable?

A. Cuando enfrento un desafío, ¿lo veo como una oportunidad para creerle a Dios y crecer, o para sentirme agobiado?

B. Cuando las personas que me rodean parecen frías y distantes, ¿Creo que Dios me ve con Su favor, o me siento inseguro y desorientado?

C. Cuando enfrento presiones económicas, ¿las veo como oportunidades para crecer en la fe y probar la fidelidad de Dios, o me dejo vencer por la ansiedad?

| VERDAD | CREENCIA | ACCIONES | SENTIMIENTOS |
|---|---|---|---|
| **A** Dios nunca me abandonará. (Is. 43:1-3) | Dios no me probará más allá de lo que puedo aguantar y confío en que Él me ayudará. | Mantengo una actitud positiva hacia los desafíos. | Confío en que Dios me ayudará. |
| **B** Si Dios está de mi lado ¿quién podrá estar en contra mía? (Rom. 8:31) | Voy a confiar en Dios en esta relación. | No daré importancia a las faltas de otros, sino que seré positivo y afirmaré a otros. | Confío en que Dios me favorecerá a medida que lo necesite |
| **C** Contribuyo fielmente de acuerdo a mis posibilidades y Dios ha prometido suplir mis necesidades. (Fil. 4:19) | Confío en que Él lo hará. | Buscaré oportunidades de ganar más y gastar menos. | Paz y confianza. |

# Los SENTIMIENTOS como Orientación:

| SENTIMIENTOS | ACCIONES | CREENCIAS | MI "REALIDAD" |
|---|---|---|---|
| **A** Abrumando por las demandas que pesan sobre mí. ¡No puedo enfrentarlas! Agotado, Deprimido.) | Sensación de echarlo todo a perder; escapar | Nadie me puede ayudar. | Soy un perdedor sin remedio |
| **B** Me siento no-querido, rechazado. | Reacciono a la más mínima ofensa; me alejo de la gente. | Soy despreciable y la gente me detesta. | A medida que la gente no quiere estar a mi lado, me resiento, les critico y me vuelvo áspero e irritable. |
| **C** Ansioso respecto al dinero. | Obsesionado por ganar dinero; tacaño. | En cuanto al dinero todo depende de mí. | Si no gano lo suficiente –ira; si gano lo suficiente – orgullo. |

## Los Traumas De Nuestro Pasado

Dios no quiere que el dolor emocional del pasado nos influya negativamente hoy.

Nos sentimos cautivos del pasado, no por el trauma en sí, sino por las mentiras que creímos en ese momento. Esas mentiras se quedaron con nosotros y se convirtieron en fortalezas.

Los hijos de Dios no son primordialmente productos de su pasado. Son en primer lugar productos de la obra de Cristo en la cruz y de Su resurrección. Nadie puede arreglar nuestro pasado, pero podemos ser libres de él. Podemos re-evaluar nuestro pasado bajo la perspectiva de quienes somos ahora en Cristo. Dios nos libera cuando perdonamos de todo corazón a las personas que nos han ofendido.

### TESTIFICAR

Si estás enfadado, ansioso o deprimido, ¿crees que es mejor que los no creyentes que te rodean no lo sepan? ¿Por qué sí o por qué no?

### ESTA SEMANA

Considera la naturaleza emocional del apóstol Pedro. Primero, piensa en las ocasiones en las que actuó según su impulso emocional y habló de manera inapropiada: Mateo 16:21-23; Mateo 17:1-5; Juan 18:1-11. Después, observa cómo Jesús miró más allá de sus resoplidos emocionales y pudo ver el potencial en Pedro: Mateo 16:17-19. Finalmente, considera lo acertada que fue la perspectiva de Jesús cuando Pedro, bajo el poder del Espíritu Santo, se convirtió en el portavoz de la iglesia primera: Hechos 2:14-41. ¡No hay ningún aspecto de tu personalidad que Dios no pueda aprovechar para bien!

# SESIÓN 9: Perdonar De Corazón

 **BIENVENIDA**

Lee Mateo 18:21-25, o utiliza el guión en las páginas 64 y 65 para escenificarlo. Imagínate que estás en el lugar de uno de los personajes y explica lo que más te impresiona de la historia.

**ADORACIÓN**

Por Su perdón absoluto para con nosotros. Hebreos 4:16; Efesios 3:12; Salmo 130:1-5.

**LA PALABRA**

**Base bíblica:** "Y enojado, su señor le entregó a los carceleros para que lo torturaran hasta que pagara todo lo que debía. Así también mi Padre celestial os tratará, a menos que cada uno perdone de corazón a su hermano" (Mateo 18:34-35).

**Verdad Bíblica:** Para experimentar la libertad en Cristo, debemos tratar a los demás de la misma forma en que Dios nos trata a nosotros, o sea, en base a un perdón completo y una aceptación plena.

## La Necesidad De Perdonar

"A quien vosotros perdonéis, yo también lo perdono. De hecho, si había algo que perdonar, lo he perdonado por consideración a vosotros en presencia de Cristo, para que Satanás no se aproveche de nosotros, pues no ignoramos sus artimañas" (2 Corintios 2:10-11).

La falta de disposición a perdonar te mantiene prisionero del pasado más que ninguna otra cosa.

La mayor oportunidad que tiene Satanás para impedir que una iglesia crezca es la raíz de amargura, producto de la falta de perdón.

### Dios Lo Manda (Mateo 6:9-15)

Tenemos que aprender a tratar a otros de la misma manera en que Dios nos trata a nosotros.

### Es Esencial Para Nuestra Libertad (Mateo 18:21-35)

Dios no quiere que sus hijos languidezcan en amargura, prisioneros del pasado.

### Nuestra Deuda Con Dios

Necesitamos comprender la gravedad de nuestra deuda con Dios.

A quien mucho se le perdona, ama mucho; a quien poco se le perdona, ama poco (ver Lucas 7:47).

Lo mejor de nosotros, a los ojos de Dios, es como trapos sucios (Isaías 64:6). Sin Cristo estamos todos bajo condenación. A todos se nos ha perdonado mucho.

### Pagar La Deuda Es Imposible

Diez mil talentos representaban una cantidad inmensa de dinero. Igual que nuestra deuda con Dios, era una suma imposible de pagar.

### La Necesidad De Mostrar Misericordia

Justicia = dar a la persona lo que se merece.

Misericordia = no dar a la persona lo que se merece.

Gracia = dar a la persona lo que no se merece.

Debemos tratar a los demás con el mismo trato que recibimos de Dios.

## REFLEXIÓN 1

**Hay gente que piensa que sus pecados no son tan malos como los de los otros. ¿Qué opinas tú?**

**¿Cuánto se te ha perdonado? ¿Poco o mucho? ¿Qué te hace pensar así?**

## Para Que Satanás No Se Aproveche De Nosotros (2 Corintios 2:10-11)

La palabra "atormentar" (verdugos/atormentadores) que Jesús emplea en Mateo 18:34 normalmente se refiere al tormento espiritual, cuando se usa en el Nuevo Testamento (p.ej. Marcos 5:7).

Si no perdonas, estás abriendo las puertas a la influencia del enemigo.

## ¿Qué Significa Perdonar De Todo Corazón?

Jesús advierte que si no perdonas de todo corazón, sufrirás una especie de tormento espiritual.

Recomendamos una oración usando las siguientes palabras:

**"Señor, yo escojo perdonar a** _____ (di el nombre de la persona) por _____ (menciona específicamente lo que te ha hecho o dejado de hacer) que me ha llevado a sentirme _____ (exprésale al Señor cada herida y dolor que Él traiga a tu mente)".

El perdón debe ser extendido a otros (Efesios 4:31-32). Sin embargo, el punto crítico es sólo entre Dios y nosotros.

## Perdonamos Para Acabar Con El Dolor

Perdonamos por nuestro propio bien. Pensamos que al perdonar al ofensor le estamos descolgando del gancho de los acusados; pero si no le perdonamos nosotros somos los que nos quedamos enganchados al dolor y al pasado.

## REFLEXIÓN 2

¿Has aprendido algo nuevo en esta sesión?

A ninguno de nosotros, de forma natural, nos gustaría recordar las heridas del pasado. ¿Por qué crees que es necesario hacerlo para verdaderamente poder perdonar? Si no estás de acuerdo, explica por qué.

Hemos visto que el punto crítico del perdón está entre tú y Dios, y no entre tú y la persona que te ofendió. ¿Por qué será que no lo sentimos así?

¿Cómo es que si uno no perdona, no es el ofensor sino su víctima quien sigue experimentando el dolor de la ofensa?

## ¿Qué Es El Perdón?

### No Es Meramente Olvidar

No nos libramos del dolor con simplemente tratar de olvidarlo. Sin embargo, podemos decidir no utilizar nunca más la ofensa en contra de esa persona.

### No Es Tolerar El Pecado

Es perfectamente posible perdonar y al mismo tiempo tomar pasos para salir de una relación abusiva e incluso denunciar a la persona ante las autoridades.

### No Es Buscar La Revancha

Perdonar no es esconder el asunto debajo de la alfombra. Es más bien un paso de fe para ponerlo todo en las manos de Dios, el juez justo que pedirá cuentas por lo que se ha hecho (ver Romanos 12:19).

### Resolver Vivir Con Las Consecuencias Del Pecado

Todos tenemos que convivir con las consecuencias del pecado de alguien. La única elección real que tenemos que hacer es: vivir con amargura, o vivir en la libertad del perdón. El perdón es poner en libertad a un cautivo, y luego darse cuenta de que el cautivo era uno mismo.

## REFLEXIÓN 3

¿Has cambiado tu opinión sobre lo que es y lo que no es el perdón?

La próxima vez que alguien te ofenda, ¿cuánto tardarás en perdonarle?

Si perdonas, ¿se hará justicia alguna vez en cuanto a lo que te han hecho?

¿Cómo?

### TESTIFICAR

¿Cómo le desafía el tema del perdón a alguien que todavía no es un creyente en Jesús? ¿Hay maneras de demostrar el perdón a alguien que todavía no conoce a Dios?

### ESTA SEMANA

Pide al Espíritu Santo que prepare tu corazón, que te guíe a toda verdad y que te revele las áreas de tu vida que necesitan de Su luz al hacer los Pasos hacia la libertad en Cristo.

**Personajes: Pedro, Jesús, Sirviente 1, Sirviente 2, señor (amo).**

| | |
|---|---|
| Pedro | Señor,¿cuántas veces tengo que perdonar a mi hermano que peca contra mí? ¿Hasta siete veces? |
| Jesús | No te digo que hasta siete veces, sino hasta setenta y siete veces.<br>Por eso el reino de los cielos se parece a un rey que quiso ajustar cuentas con sus siervos. Al comenzar a hacerlo, se le presentó uno que le debía miles y miles de monedas de oro [diez mil talentos].  , a su esposa y a sus hijos, y todo lo que tenía, para así saldar la deuda. El siervo se postró delante de él. |
| Sirviente 1 | Ten paciencia conmigo, y te lo pagaré. |
| Jesús | El señor se compadeció de su siervo, le perdonó la deuda y lo dejó en libertad. Al salir, aquel siervo se encontró con uno de sus compañeros que le debía cien monedas de plata. Lo agarró por el cuello y comenzó a estrangularlo. |
| Sirviente 1 | ¡Págame lo que me debes! |
| Jesús | Su compañero se postró delante de él |
| Sirviente 2 | Ten paciencia conmigo, y te lo pagaré. |
| Jesús | Pero él se negó. Más bien fue y lo hizo meter en la cárcel hasta que pagara la deuda. Cuando los demás siervos vieron lo ocurrido, se entristecieron mucho y fueron a contarle a su señor todo lo que había sucedido.<br>Entonces el señor mandó llamar al siervo. |
| Señor | ¡Siervo malvado! Te perdoné toda aquella deuda porque me lo suplicaste. ¿No debías tú también haberte compadecido de tu compañero, así como yo me compadecí de ti? |

Jesús        Y enojado, su señor lo entregó a los carceleros para que lo torturaran hasta que pagara todo lo que debía.

Así también mi Padre celestial os tratará, a menos que cada uno perdone de corazón a su hermano.

# Descubre Las Fortalezas Enemigas

Cuando hagas el paso 3 (el perdón) en los **Pasos hacia la libertad en Cristo**, te animamos a que hagas la siguiente oración por cada persona que necesitas perdonar: "**Señor, hoy yo escojo perdonar a** (nombre de la persona) por (lo que te ha hecho o dejado de hacer) **que me ha llevado a sentirme** (exprésale al Señor cada herida y dolor que Él traiga a tu mente)".

Usa esta página para anotar las emociones que has expresado en tu oración después de "que me ha llevado a sentirme". Algunas de ellas pondrán a la luz las fortalezas del enemigo en tu mente que necesitas enfrentar. **La sesión 10** te proporcionará una estrategia para este enfrentamiento.

**Parte D — Crecer Como Discípulos**

Habiéndonos apropiado de nuestra libertad en Cristo, queremos alcanzar la madurez. En esta sección aprenderemos a mantenernos firmes, a relacionarnos con otras personas y a seguir en el camino de asemejarnos más a Jesús.

### BIENVENIDA
¿Qué te han parecido los Pasos hacia la libertad en Cristo?

### ADORACIÓN
¡Dios me ha hecho libre! Gálatas 5:1; Salmo 119:45.

### LA PALABRA
**Base bíblica:** "El alimento sólido es para los adultos, para los que tienen la capacidad de distinguir entre lo bueno y lo malo, pues han ejercitado su facultad de percepción espiritual" (Hebreos 5:14).

**Verdad bíblica :** Nuestro éxito en perseverar en el camino de la libertad y de la madurez depende de cómo continuamos renovando nuestra mente y nos entrenamos para distinguir entre lo bueno y lo malo.

## Hacia La Madurez

Como norma, todos los creyentes deberíamos crecer hacia la madurez espiritual, pero fácilmente uno puede ser un creyente viejo sin llegar a ser un creyente maduro (Ver 1 Corintios 3:1-3).

# La Diferencia Entre La Libertad Y La Madurez

"Su divino poder, al darnos el conocimiento de aquel que nos llamó por su propia gloria y potencia, nos ha concedido todas las cosas que necesitamos para vivir como Dios manda" (2 Pedro 1:3; ver también Efesios 1:3 y Colosenses 2:9-10).

Ya tenemos **todo lo que necesitamos** para ser cristianos maduros, pero no sucede automáticamente.

Hay una gran diferencia entre la libertad, que se puede alcanzar en poco tiempo, y la madurez que es fruto de toda una vida.

La madurez es el resultado de un proceso de crecimiento. En cambio, la libertad es la **posición que asumimos** como respuesta a la victoria de Cristo sobre el pecado y Satanás. Estamos libres o atados en varias áreas de la vida. La libertad no es el resultado del crecimiento en estas áreas; tomamos posesión de nuestra libertad por la autoridad que tenemos en Cristo cada vez que nos damos cuenta de que hemos sido engañados y atados.

Sin embargo, si no aprovechamos primero la libertad, no podemos alcanzar la madurez.

## Tres Claves De La Madurez

### 1. La Responsabilidad Personal

Dios ha establecido que ciertas cosas caigan bajo su responsabilidad, y otras cosas bajo nuestra responsabilidad. Él no hará por nosotros lo que a nosotros nos toca hacer. Ni Dios, ni ninguna otra persona, pueden arrepentirse por nosotros, creer por nosotros ni perdonar por nosotros, porque son cosas que a nosotros nos corresponde hacer.

Si quieres crecer como cristiano, es tu responsabilidad. Nadie lo puede hacer por ti.

¿Cómo es transformado un cristiano? "Por la renovación de la mente" (Romanos 12:2). ¿De quién es la responsabilidad? ¡Tuya!

La clave de tal transformación está en tus manos. Nada ni nadie puede impedir que seas la persona que Dios quiere que seas excepto tú. ¡Qué buena noticia!

Sólo tú puedes hacerlo... pero no puedes hacerlo solo. Es cierto que necesitamos a otras personas que nos animen, nos quieran y nos apoyen, pero al final cada uno es responsable por su relación con Dios.

## 2. La Renovación De La Mente

Después de haber tenido la oportunidad de resolver algunos conflictos personales y espirituales mediante los Pasos hacia la libertad en Cristo, verás que te es más fácil conectarte con la verdad. Sin embargo, todavía tenemos que lidiar con nuestra carne, que incluye nuestras formas habituales de pensar basadas en las mentiras. Esas son nuestras "fortalezas enemigas", pero tenemos armas para luchar contra ellas (ver 2 Corintios 10:4-5).

## Enfrentar Las Mentiras — "Demoler Fortalezas"

1. Identifica la mentira que has creído hasta ahora (cualquier forma de pensar que no está de acuerdo con lo que Dios declara acerca de ti en la Biblia). Al hacer esto, no hagas caso a tus sentimientos y abraza de corazón la verdad de Dios.

2. Busca cuantos versículos bíblicos puedas encontrar que declaren esa verdad y apúntalos.

3. Escribe los efectos que has tenido en tu vida por haber creído esa mentira.

4.      Escribe una oración a Dios, o una declaración, utilizando esta fórmula:

        Renuncio a la mentira que dice que...
        Proclamo la verdad que dice que...

5.      Por último, lee los versículos bíblicos y haz la oración/declaración cada
        día durante 40 días.

**Nota:** hay ejemplos a seguir en las páginas 73-75 (pero, si puedes, será
siempre mejor que hagas tu propia oración o declaración).

## REFLEXIÓN 2

**LAS MENTIRAS:** En este ejercicio hay una lista típica de mentiras que las personas acaban creyendo acerca de sí mismas. A ver si puedes encontrar los versículos bíblicos que demuestran que estas cosas simplemente no pueden ser verdad cuando se trata de un creyente. Anótalos en la columna bajo el título "La verdad".

| MENTIRAS | LA VERDAD |
|---|---|
| Dios no me ama | |
| Me ha abandonado | |
| Me ha rechazado | |
| Soy un(a) inútil | |
| No hay esperanza para mí | |
| Soy un(a) estúpido(a) | |
| Soy feo(a) | |

¿Puedes identificar alguna mentira que has creído? Tal vez al hacer Los Pasos Hacia la libertad en Cristo te diste cuenta de que creías algo que sabes que es mentira y, sin embargo, a nivel emocional te parece verdad, por ejemplo: "soy un fracaso"; "no tengo remedio"; "no soy digno de nada bueno"; "esto puede funcionar para otros, pero no para mí.

Apunta la mentira que sueles creer y los efectos que produce en tu vida. Piensa en dos o tres pasajes bíblicos que contradicen esa mentira. Escribe en un papel: "Yo renuncio a la mentira que dice que...".

Después escribe: "Yo declaro la verdad que dice...". Repásalo cada día durante las próximas seis semanas.

## 3. Pensar A Largo Plazo

La renovación de la mente requiere tiempo y esfuerzo. No ocurre de la noche a la mañana. Pero es posible demoler las fortalezas si te comprometes cada día con la verdad en la Palabra de Dios.

### Entrénate A Diferenciar Entre El Bien Y El Mal

"En cambio, el alimento sólido es para los adultos, para los que tienen la capacidad de distinguir entre lo bueno y lo malo, pues han ejercitado su facultad de percepción espiritual" (Hebreos 5:14).

Cuando conocemos íntimamente la verdad, reconocemos en seguida lo que es falso.

### Lánzate a La Carrera

"...olvidando lo que queda atrás y esforzándome por alcanzar lo que está delante, sigo avanzando hacia la meta para ganar el premio que Dios ofrece mediante su llamamiento celestial en Cristo Jesús. Así que, ¡escuchad los perfectos! Todos debemos tener este modo de pensar" (Filipenses 3:13b-15a).

Necesitamos comprometernos con una carrera de largo alcance. Piensa en la meta – tu madurez espiritual – y sigue corriendo hacia ella.

**Otros Pasos Prácticos**

- Leer Restaurado por Neil Anderson
- Rendir cuentas a un amigo periódicamente
- Buscar el apoyo de otros para superar los traumas del pasado
- Volver a hacer este curso

## REFLEXIÓN 3

Escribe los pasos que vas a tomar para mantener tu libertad en Cristo y para continuar renovando tu mente

### TESTIFICAR

Escribe las dos cosas más importantes que has aprendido en este curso hasta ahora. ¿Cómo las podrías explicar a una persona que todavía no es creyente?

### ESTA SEMANA

Elabora una estrategia para demoler la mayor mentira que hayas descubierto en tu vida. Ponla por obra.

**La mentira: que comer abundantemente trae consuelo duradero.**

**Los resultados en mi vida:** me perjudica la salud; produce obesidad; ofrece un punto de entrada al enemigo; impide mi desarrollo hacia la madurez.

Proverbios 25:28: "Como ciudad sin defensa y sin murallas es quien no sabe dominarse".

Gálatas 5:16: "Así que os digo: Vivid por el Espíritu, y no seguiréis los deseos de la naturaleza pecaminosa".

Gálatas 5:22-23: "En cambio, el fruto del Espíritu es amor, alegría, paz, paciencia, amabilidad, bondad, fidelidad, humildad y dominio propio. No hay ley que condene estas cosas".

2 Corintios 1:3-4: "Alabado sea el Dios y Padre de nuestro Señor Jesucristo, Padre misericordioso y Dios de toda consolación, quien nos consuela en todas nuestras tribulaciones para que con el mismo consuelo que de Dios hemos recibido, también nosotros podamos consolar a todos los que sufren".

Salmo 63:4-5: "Te bendeciré mientras viva, y alzando mis manos te invocaré. Mi alma quedará satisfecha como de un suculento banquete, y con labios jubilosos te alabará mi boca".

Salmo 119:76: "Que sea tu gran amor mi consuelo, conforme a la promesa que hiciste a tu siervo".

**Señor, renuncio a la mentira que dice que el placer de comer abundantemente trae consuelo duradero. Proclamo la verdad, que tú eres el Dios de toda consolación y que, tu amor que nunca falla, es mi única consolación real y legítima. Declaro que ahora vivo por el Espíritu Santo y no tengo ninguna obligación de satisfacer los deseos de la carne. Cuando sienta la necesidad de consolación, en vez de buscarla en la comida, escogeré alabarte y quedar satisfecho con el más rico de los manjares. Lléname de nuevo con tu Espíritu Santo y vive en mí mientras crezco en dominio propio. Amén.**

## Marca cada día que pongas en práctica este ejercicio:

| | | | | | | | | | |
|---|---|---|---|---|---|---|---|---|---|
| 1 | 2 | 3 | 4 | 5 | 6 | 7 | 8 | 9 | 10 |
| 11 | 12 | 13 | 14 | 15 | 16 | 17 | 18 | 19 | 20 |
| 21 | 22 | 23 | 24 | 25 | 26 | 27 | 28 | 29 | 30 |
| 31 | 32 | 33 | 34 | 35 | 36 | 37 | 38 | 39 | 40 |

**La mentira: que estoy abandonado y olvidado**

**Los efectos en mi vida:** me aparto de otras personas; pienso que no les gusto a los demás; proyecto una indiferencia hacia la gente; soy miedoso.

Deuteronomio 31:6: "Sed fuertes y valientes. No temáis ni os asustéis ante esas naciones, pues el SEÑOR vuestro Dios siempre os acompañará; nunca os dejará ni os abandonará".

Isaías 46:4: "Aun en la vejez, cuando ya peinéis canas, yo seré el mismo, yo os sostendré. Yo os hice, y cuidaré de vosotros; os sostendré y os libraré".

Jeremías 29:11: "Porque yo sé muy bien los planes que tengo para vosotros – afirma el SEÑOR – planes de bienestar y no de calamidad, a fin de daros un futuro y una esperanza".

Romanos 8:38-39: "Pues estoy convencido de que ni la muerte ni la vida, ni los ángeles ni los demonios, ni lo presente ni lo por venir, ni los poderes, ni lo alto ni lo profundo, ni cosa alguna en toda la creación, podrá apartarnos del amor que Dios nos ha manifestado en Cristo Jesús nuestro Señor".

**Querido Padre celestial,**
**Yo renuncio a la mentira de que estoy abandonado, olvidado y dejado a mi propia suerte. Proclamo la verdad de que Tú me amas, que tienes planes para darme un futuro y una esperanza, y que nada en absoluto podrá separarme de Tu amor. En el nombre de Jesús. Amén.**

## Marca cada día que pongas en práctica este ejercicio:

| | | | | | | | | | |
|---|---|---|---|---|---|---|---|---|---|
| 1 | 2 | 3 | 4 | 5 | 6 | 7 | 8 | 9 | 10 |
| 11 | 12 | 13 | 14 | 15 | 16 | 17 | 18 | 19 | 20 |
| 21 | 22 | 23 | 24 | 25 | 26 | 27 | 28 | 29 | 30 |
| 31 | 32 | 33 | 34 | 35 | 36 | 37 | 38 | 39 | 40 |

**La mentira: que no puedo resistir la tentación de ver la pornografía en internet.**

**Los efectos en mi vida:** profundo sentido de vergüenza; emociones sexuales distorsionadas; no poder relacionarme con otras personas como Dios quiere; hacer daño a mi matrimonio. Romanos 6:11-14: "De la misma manera, también vosotros consideraos muertos al pecado, pero vivos para Dios en Cristo Jesús. Por lo tanto, no permitáis que el pecado reine en vuestro cuerpo mortal, ni obedezcáis a vuestros malos deseos. No ofrezcáis los miembros de vuestro cuerpo como instrumentos de injusticia; al contrario, ofreceos más bien a Dios como quienes han vuelto de la muerte a la vida, presentando los miembros de vuestro cuerpo como instrumentos de justicia. Así el pecado no tendrá dominio sobre vosotros, porque ya no estáis bajo la ley sino bajo la gracia".

1 Corintios 6:19: "¿Acaso no sabéis que vuestro cuerpo es templo del Espíritu Santo?"

1 Corintios 10:13: "Vosotros no habéis sufrido ninguna tentación que no sea común al género humano. Pero Dios es fiel, y no permitirá que vosotros seáis tentados más allá de lo que podáis aguantar. Más bien, cuando llegue la tentación, él os dará también una salida a fin de que podáis resistir".

Gálatas 5:16: "Así que os digo: Vivid por el Espíritu, y no seguiréis los deseos de la naturaleza pecaminosa".

Gálatas 5:22-23: "En cambio, el fruto del Espíritu es amor, alegría, paz, paciencia, amabilidad, bondad, fidelidad, humildad y dominio propio".

**Yo renuncio a la mentira que dice que no puedo resistir la tentación de mirar la pornografía en internet. Proclamo la verdad de que Dios siempre da una salida cuando soy tentado, y escogeré tomar esa salida. Proclamo la verdad de que si vivo por el Espíritu – y esto mismo elijo – no seguiré los deseos de la carne, y el fruto del Espíritu, que incluye el dominio propio, crecerá en mí. Me considero muerto al pecado y no permitiré que el pecado reine en mi cuerpo ni que se enseñoree de mí. Hoy y cada día entrego mi cuerpo a Dios como templo del Espíritu Santo, para hacer únicamente lo que es bueno. Proclamo que el pecado ya no tiene poder sobre mí. Me someto completamente a Dios y resisto al diablo, que tiene que huir de mí en este momento.**

## Marca cada día que pongas en práctica este ejercicio:

| | | | | | | | | | |
|---|---|---|---|---|---|---|---|---|---|
| 1 | 2 | 3 | 4 | 5 | 6 | 7 | 8 | 9 | 10 |
| 11 | 12 | 13 | 14 | 15 | 16 | 17 | 18 | 19 | 20 |
| 21 | 22 | 23 | 24 | 25 | 26 | 27 | 28 | 29 | 30 |
| 31 | 32 | 33 | 34 | 35 | 36 | 37 | 38 | 39 | 40 |

# SESIÓN 11: Relacionarse Con Los Demás

**BIENVENIDA**

Hasta aquí, ¿qué aspecto de este curso te ha causado el mayor impacto?

**ADORACIÓN**

Gracias sean dadas a Dios por las personas que Él ha puesto en nuestras vidas (1 Juan 3:16).

**LA PALABRA**

**Base bíblica:** "Ama al Señor tu Dios con todo tu corazón, con todo tu ser y con toda tu mente" —le respondió Jesús— Este es el primero y el más importante de los mandamientos. El segundo se parece a éste: "Ama a tu prójimo como a ti mismo". De estos dos mandamientos dependen toda la ley y los profetas (Mateo 22:37-40).

**Verdad bíblica:** Como discípulos de Cristo, debemos asumir responsabilidad por nuestro propio carácter y tratar de atender las necesidades de otras personas, en vez de esperar que ellas nos atiendan a nosotros.

## La Gracia

Nosotros amamos porque Él nos amó primero (1 Juan 4:19).

Damos de gracia porque Él nos ha dado de gracia (Mateo 10:8).

Somos compasivos porque nuestro Padre ha sido compasivo con nosotros (Lucas 6:36).

Perdonamos porque Dios nos perdonó (Efesios 4:32).

## Nuestra Responsabilidad Con Otros

"¿Quién eres tú para juzgar al siervo de otro? Que se mantenga en pie, o que caiga, es asunto de su propio señor. Y se mantendrá en pie, porque el Señor tiene poder para sostenerlo" (Romanos 14:4).

"No hagáis nada por egoísmo o vanidad; más bien, (con humildad) considerad a los demás como superiores a vosotros mismos. Cada uno debe velar no solo por sus propios intereses sino también por los intereses de los demás. Vuestra actitud debe ser como la de Cristo Jesús" (Filipenses 2:3-5).

Somos responsables de nuestro propio **carácter**, y de atender las **necesidades** de otros.

## Ser Conscientes De Nuestros Propios Pecados

Cuando vemos a Dios como Él es, no nos fijamos en los pecados de otros sino en los nuestros. En cambio, si nos enfriamos en nuestra relación con Dios, nuestra tendencia es de pasar por alto nuestros pecados y mirar los pecados de otros.

## Enfocarse En Las Responsabilidades Antes Que En Los Derechos

En toda relación humana hay tanto derechos como responsabilidades. ¿Dónde debemos poner el énfasis?

¿Tiene el marido el derecho de esperar que su mujer se le someta? ¿O tiene él la responsabilidad de amarla tal como Cristo amó a la iglesia?

¿Tiene la esposa el derecho de esperar que su marido la ame? ¿O tiene ella la responsabilidad de amar y respetar a su marido, quien a su vez es responsable de ser "cabeza" del hogar?

¿Tienen los padres el derecho de esperar que sus hijos les obedezcan? ¿O tienen los padres la responsabilidad de criarlos e instruirlos en el Señor, y de disciplinarlos cuando sea necesario?

¿Te da el hecho de ser miembro de una iglesia local el derecho de criticar a otros? ¿O te da más bien la responsabilidad de someterte a la autoridad y mostrar el mismo amor y aceptación que has recibido de Cristo?

En cualquier relación, en el momento que ponemos nuestros derechos por encima de nuestras responsabilidades estamos plantando semillas de destrucción.

Aprender a no enfocarnos constantemente en los fallos de otros y escoger pensar bien de ellos, nos ayuda a la larga a no sentirnos siempre defraudados y maltratados.

## REFLEXIÓN 1

¿Cómo resumes nuestra responsabilidad con otras personas?

¿Por qué, en tu opinión, solemos juzgar a los demás y proteger nuestros intereses?

Si descubres que tienes una actitud crítica hacia los demás e ignoras tus propias faltas, ¿cuál puede ser el problema? ¿Qué puedes hacer para remediarlo?

## ¿Y Cuando Otros Cometen Una Falta?

A nadie le es fácil reconocer su propio pecado.

Intentar hacer la obra del Espíritu Santo en la vida de otras personas nunca da resultados.

## Disciplinar, Sí; Juzgar, No

"No juzguéis a nadie, para que nadie os juzgue a vosotros. Porque así como juzguéis, se os juzgará, y con la medida que midáis a otros, se os medirá" (Mateo 7:1, 2).

"Hermanos, si alguien es sorprendido en pecado, vosotros que sois espirituales debéis restaurarlo con una actitud humilde" (Gálatas 6:1).

Se nos instruye a no juzgar, pero sí a practicar la disciplina.

Un juicio siempre toca el carácter de una persona, mientras que la disciplina siempre se relaciona con la conducta.

Llamar a una persona "tonta", "soberbia", "estúpida" o "mala" constituye un ataque a su carácter, y la deja sin posibilidad de salida.

Pero si le llamas la atención sobre una conducta pecaminosa, le das algo sobre lo cual trabajar: "Tienes razón, lo que dije no era cierto. Perdona".

## No Es Lo Mismo Disciplina que Castigo

El castigo mira hacia atrás, mientras que la disciplina mira hacia adelante.

La disciplina de Dios es la prueba de su amor, cuyo fin es producir "una cosecha de justicia" (ver Hebreos 12:5-11).

El fin de la disciplina no es castigar a alguien, sino ayudarle a ser más como Jesús.

## Cuando Somos Atacados

"Cuando proferían insultos contra él, no replicaba con insultos; cuando padecía, no amenazaba, sino que se entregaba a aquel que juzga con justicia" (1 Pedro 2:23).

Si has obrado mal, no tienes defensa. Si has obrado bien, no necesitas defensa. Cristo es tu defensa.

## Ejercer Autoridad Y Rendir Cuentas

Cuando Dios se manifestó por primera vez en tu vida, ¿desde qué perspectiva se dio a conocer?

**Autoridad**

**Responsabilidad**

**Afirmación**

**Aceptación**

"...cuando todavía éramos pecadores, Cristo murió por nosotros" (Romanos 5:8). Llegó primero la aceptación, y después la afirmación: "El Espíritu mismo le asegura a nuestro espíritu que somos hijos de Dios" (Romanos 8:16).

Si las figuras de autoridad entre los hombres piden cuentas (responsabilidad) sin dar primero aceptación y afirmación, nunca lo conseguirán.

### REFLEXIÓN 2

¿Por qué no es posible ser la conciencia de otra persona? ¿Qué puede pasar si lo intentamos?

¿Cómo se diferencian entre sí: juicio, castigo y disciplina?

La próxima vez que alguien te ataque o te acuse, ¿cómo querrás responderle?

## ¿Debemos Expresar Nuestras Necesidades?

Si dentro de una relación sentimos que hay necesidades no resueltas por la otra persona, es importante expresar lo que sentimos. Sin embargo, una necesidad debe exponerse por lo que es, una necesidad, y no un juicio sobre la otra persona.

## Cosechamos Lo Que Sembramos

Dios nos ha colocado en una comunidad porque así es como crecemos. Cada uno de nosotros necesita ser amado, aceptado y afirmado. Son necesidades legítimas.

Jesús declaró: "Hay más dicha en dar que en recibir" (Hechos 20:35). Si ayudamos con sinceridad a otra persona es inevitable que recibamos ayuda en el proceso.

"Dad, y se os dará: se os pondrá en el regazo una medida llena, apretada, sacudida y desbordante. Porque con la medida que midáis a otros, se os medirá a vosotros" (Lucas 6.38).

Si deseas que los demás te amen, ama a los demás. Si quieres tener un amigo, sé tú amigable.

*La gente es poco razonable, ilógica y egoísta.*
*Ámala de todos modos.*

*Si haces el bien, la gente te acusará de tener motivos falsos, egoístas.*
*Haz el bien de todos modos.*

*Si prosperas, tendrás falsos amigos y verdaderos enemigos.*
*Prospera de todos modos.*

*El bien que haces hoy será olvidado mañana.*
*Haz el bien de todos modos.*

*La honestidad y la sinceridad te hacen vulnerable.*
*Sé honesto y sincero de todos modos.*

*Las personas más nobles con ideas sublimes, serán el blanco de las personas mezquinas y de mente pequeña.*
*Piensa en lo sublime de todos modos.*

*La gente sigue a los dominantes, pero descuida a los dominados.*
*Lucha por el desprotegido de todos modos.*

*Lo que construyes durante años puede venirse abajo en una noche.*
*Construye de todos modos.*

*La gente realmente necesita ayuda; pero puede atacarte si le ayudas.*
*Ayuda a la gente de todos modos.*

*Da al mundo lo mejor que tienes, y el mundo te dará una patada.*
*Da al mundo lo mejor que tienes de todos modos.*

## REFLEXIÓN 3

¿Qué necesidades legítimas tenemos todos? ¿Cómo podemos expresar esas necesidades sin producir una reacción negativa?

¿Qué problemas encuentras en las siguientes frases?

¿Cómo podrías mejorarlas?

Siempre me dejas sola en la cocina después de cenar; te vas y yo tengo que limpiar mientras tú ves la tele. ¡Eres egoísta y perezoso!

Tu habitación es un desastre. ¡Parece una pocilga! ¡Pobre del que se case contigo!

### TESTIFICAR

¿Cómo puedes ser mejor vecino para la gente de tu barrio? ¿Cómo puedes conocer mejor a tus vecinos para saber cuáles son sus necesidades?

### ESTA SEMANA

Lee Lucas 6:27-41. Tal vez esta sesión te ha convencido de que tu relación con tu familia, amigos y vecinos no es como debe ser.

Quizás querrás pedir perdón. Si notas este impulso de parte del Señor, acércate a esas personas y pídeles perdón. Diles lo que crees que has hecho mal. (Hazlo en persona; no lo hagas por carta o por correo electrónico, puede llevar a malos entendidos).

# SESIÓN 12: ¿Hacia Dónde Vas?

**BIENVENIDA**

¿Qué te gustaría hacer antes de morir?

**ADORACIÓN**

Dios estará con nosotros siempre. (Hebreos 13:5,6; Salmo 94:14; Mateo 28:20).

**LA PALABRA**

**Base bíblica:** "Debes hacerlo así para que el amor brote de un corazón limpio, de una buena conciencia y de una fe sincera" (1 Timoteo 1:5).

**Verdad bíblica:** Nada ni nadie puede impedir que seamos la persona que Dios ideó cuando nos creó.

## Tu Manera De Vivir Como Cristiano Es El Fruto De Lo Que Crees

Todos creemos que ciertas cosas nos darán satisfacción, importancia, diversión, etcétera. ¿Pero estas cosas producen realmente lo que esperamos, o nos hemos equivocado al fijar nuestras metas?

En esta sesión emplea-mos el término "meta" para referirnos a los resultados que cree-mos son fundamentales para nuestro concepto de quiénes somos, esos resultados son con los que medimos nuestro propio ser.

## Dios Usa Nuestras Emociones Como Un Sistema De Alarma.

Dios nos ha equipado con un sistema de retro-alimentación (feedback) que nos llama la atención para que verifiquemos la validez de la dirección en la que vamos. Este sistema son nuestras emociones.

Cuando una experiencia o relación produce en nosotros ira, ansiedad o depresión, esas banderas rojas emocionales están allí para alertarnos de la posibilidad de que estemos persiguiendo una meta inadecuada, basada en una creencia errónea.

### La Ira Señala Una Meta Frustrada

Si no quieres estar enfadado, despréndete de cualquier meta que otras personas o circunstancias puedan impedir, es decir, personas o circunstancias que no están bajo tu control.

### La Ansiedad señala una meta incierta

### La depresión señala una meta imposible de alcanzar

Por supuesto, una depresión puede tener una causa bioquímica; pero a falta de una causa física comprobada, la depresión suele estar arraigada en un sentimiento de desesperanza o de incapacidad, cuando nuestras metas parecen imposibles de ser **logradas.**

## Respuestas Equivocadas Cuando Nuestras Metas Se Ven Frustradas

Si creemos que nuestro sentido de valor depende de otras personas y de las circunstancias, trataremos de manipular a esas personas y las circunstancias.

## Cambiar Las Metas Malas En Metas Buenas

Si Dios tiene una meta para tu vida, ¿puede ser impedida, o su cumplimiento incierto o imposible? ¡De ninguna manera!

Así que ninguna meta establecida por Dios puede depender de otras personas o circunstancias sobre las que no tenemos control.

¿Qué hacemos entonces con una meta, buena en sí, pero que depende de eventos o circunstancias sobre las que no tenemos control? Debemos rebajarla, en nuestra mente, de la categoría de meta, de la que puede depender nuestro sentido de quienes somos, a la categoría de un "deseo espiritual".

## La Diferencia Entre Una "Meta" Y Un "Deseo"

Una meta es una orientación concreta que refleja los propósitos de Dios para tu vida y que no depende de personas o circunstancias más allá de tu capacidad o derecho a controlar.

Un deseo espiritual corresponde a cualquier resultado que sí depende de la cooperación de otras personas, sucesos, eventos o circunstancias favorables sobre las que no tienes ninguna capacidad o derecho a controlar.

La diferencia esencial es que no debes basar tu sentido de valor personal sobre los deseos, por espirituales que sean, porque no puedes asegurar su éxito.

Sin embargo, la única persona que puede frustrar una meta de Dios, o volverla incierta o imposible, eres tú.

## Las Metas De Dios Para Nuestras Vidas

2 Pedro 1:3-10 empieza diciéndonos lo que Dios ya ha hecho por nosotros.

- tenemos todas las cosas que necesitamos para vivir como Dios manda
- participamos de la naturaleza divina
- hemos escapado de la corrupción que hay en el mundo.

Si tratas de vivir la vida cristiana sin entender lo que Dios ya ha hecho por ti, será un esfuerzo inútil de mejorarte a ti mismo. Las metas de Dios para nuestras vidas se basan en lo que Cristo ya ha hecho.

"Precisamente por eso, esforzaos por añadir a vuestra fe, virtud; a vuestra virtud, entendimiento; al entendimiento, dominio propio; al dominio propio, constancia; a la constancia, devoción a Dios; a la devoción a Dios, afecto fraternal; y al afecto fraternal, amor" (2 Pedro 1:5-8).

Esta es una lista de cualidades del carácter. Dios se interesa mas en cómo somos que en lo que hacemos. Sus metas para nosotros tienen que ver con nuestro carácter. **La meta que Dios tiene para todo cristiano es esta: amoldarse más y más al carácter de Jesús.**

## Las Dificultades Nos Mueven Hacia La Meta

"Y no sólo en esto, sino también en nuestros sufrimientos, porque sabemos que el sufrimiento produce perseverancia; la perseverancia, entereza de carácter; la entereza de carácter, esperanza" (Romanos 5:3-4).

"Hermanos míos, consideraos muy dichosos cuando tengáis que enfrentaros con diversas pruebas, pues ya sabéis que la prueba de vuestra fe produce constancia. Y la constancia debe llevar a feliz término la obra, para que seáis perfectos e íntegros, sin que os falte nada" (Santiago 1:2-4).

Las dificultades que enfrentamos nos ayudan a avanzar hacia la meta suprema, que es que nuestro carácter se parezca más al de Cristo. Perseverar en las dificultades produce un mejor carácter.

De vez en cuando nos hace falta una experiencia sublime, pero la tierra fértil para el crecimiento está en los valles y no en los picos de las montañas.

## REFLEXIÓN 2

**¿Qué beneficios aporta a tu libertad y bienestar emocional el saber diferenciar entre las metas divinas y los buenos deseos?**

**¿Cuál es la meta principal de Dios en tu vida? ¿Por qué esta meta nunca puede ser frustrada?**

**¿Por qué puede ser tan liberador saber que nada ni nadie puede impedir que seas la persona que Dios quiere que seas?**

## Cuando Nuestra Meta Es El Amor

El apóstol Pablo dice que la meta de nuestra predicación es el amor (1 Timoteo 1:5). El apóstol Juan nos informa de que el amor es parte del carácter de Dios "...porque Dios es amor" (1 Juan 4:8).

Si haces que el carácter de Dios sea tu meta principal, entonces el fruto del Espíritu Santo en tu vida será el amor: la ira dará lugar a la paciencia, la ansiedad a la paz y la depresión al gozo.

**TESTIFICAR**

Si sabes diferenciar entre metas y deseos, ¿te ayudará esto a ser un testigo más efectivo?

**ESTA SEMANA**

Tómate un tiempo para evaluar tu fe; responde a la encuesta ¿Qué es lo que creo? en la página que sigue (89). No será necesario compartir tus respuestas con el resto del grupo. Piensa seriamente cómo completarás cada frase.

|                                      | Bajo |   |   |   | Alto |
|--------------------------------------|------|---|---|---|------|
| 1. ¿Tengo éxito en la vida?          | 1    | 2 | 3 | 4 | 5    |

Tendría más éxito si .................................................................................

| 2. ¿Soy una persona importante? | 1 | 2 | 3 | 4 | 5 |

Sería más importante si .............................................................................

| 3. ¿Me siento realizado? | 1 | 2 | 3 | 4 | 5 |

Me sentiría más realizado si .......................................................................

| 4. ¿Cuál es mi nivel de satisfacción? | 1 | 2 | 3 | 4 | 5 |

Estaría más satisfecho si ............................................................................

| 5. ¿Soy feliz? | 1 | 2 | 3 | 4 | 5 |

Sería más feliz si ......................................................................................

| 6. ¿Me lo estoy pasando bien? | 1 | 2 | 3 | 4 | 5 |

Me lo pasaría mejor si ...............................................................................

| 7. ¿Cómo me siento de seguro? | 1 | 2 | 3 | 4 | 5 |

Me sentiría más seguro si ..........................................................................

| 8. ¿Tengo paz? | 1 | 2 | 3 | 4 | 5 |

Tendría más paz si ....................................................................................

# SESIÓN 13: Mantenerse En El Buen Camino

### BIENVENIDA

¿Alguna vez te han enga-
ñado haciéndote creer
algo que resultó ser falso?

### ADORACIÓN

Alaba a Dios porque Él es
capaz de llevar a término
la buena obra que comenzó en
nosotros (Filipenses 1:6; Judas
24).

### LA PALABRA

**Base bíblica:** "No digo esto porque esté necesitado, pues he aprendido a estar satisfecho en cualquier situación en la que me encuentre. Sé lo que es vivir en la pobreza, y lo que es vivir en la abundancia. He aprendido a vivir en todas y cada una de las circunstancias, tanto a quedar saciado como a pasar hambre, a tener de sobra como a sufrir escasez. Todo lo puedo en Cristo que me fortalece" (Filipenses 4:11-13).

**Verdad bíblica**: Si realmente queremos tener éxito, sentirnos realizados, satisfechos, etc. debemos identificar y desechar nuestras creencias erróneas, y abrazar las verdades de la Biblia.

## Para Mí El Vivir Es....

El apóstol Pablo dice: "Porque para mí el vivir es Cristo y el morir es ganancia" (Filipenses 1:21).

Pero:

• Para mí el vivir es mi carrera y el morir es... perderlo todo.

• Para mí el vivir es mi familia y el morir es... perderlo todo.

• Para mí el vivir es mi ministerio cristiano y el morir es... perderlo todo.

Cuando la meta de nuestra vida es Cristo y llegar a ser como Él es en su carácter, morir es simplemente mejorar.

## ¿Qué Es Lo Que Creo Realmente?

En este momento estás viviendo por fe según lo que realmente crees. La pregunta es si tus creencias sobre lo que te hace feliz, importante, etcétera, ¿están de acuerdo con lo que Dios dice?

Cuanto más avanzamos en la vida cristiana, mucho más importante es asegurarnos de que el sistema de creencias que tenemos está basado en lo que realmente es verdad.

## Para Triunfar En La Vida Necesitas Tener Metas Correctas

La meta de Dios para tu vida empieza con quién eres, sobre la base de lo que Él ha hecho por ti (ver 2 Pedro 1:3-10).

Comenzamos con lo que creemos (fe). Nuestra tarea número uno es diligentemente adoptar las metas del carácter de Dios: bondad (excelencia moral), entendimiento, dominio propio, constancia, piedad, afecto fraternal y amor – y ponerlos por obra en nuestras vidas. El enfocarse en las metas de Dios conducirá al éxito en los términos de Dios.

Alcanzar las metas divinas no depende de otras personas, ni de nuestros talentos, inteligencia o dones. Cada cristiano puede saber quién es en Cristo y crecer en carácter. Para Josué, el éxito giraba en torno a una sola cosa: si vivía o no de acuerdo a lo que Dios había dicho (Josué 1:7, 8). Triunfar en la vida consiste en aceptar la meta de Dios para nuestras vidas y, por Su gracia, llegar a ser lo que Él nos llamó a ser.

## El Sentido De Valor Viene Del Uso Adecuado Del Tiempo

Lo que se olvida en el tiempo es de poca importancia. Lo que se recuerda para la eternidad es de gran importancia. Si lo que alguien ha construido permanece, recibirá su recompensa (1 Corintios 3:14).

"Más bien ejercítate en la piedad, pues aunque el ejercicio físico trae algún provecho, la piedad es útil para todo, ya que incluye una promesa no solo para la vida presente sino también para la venidera" (1 Timoteo 4:7-8). Si quieres incrementar tu sentido de valor, invierte tus fuerzas en actividades importantes: aquellas que permanecerán para la eternidad.

## La Satisfacción Proviene De Servir A Los Demás

"Cada uno ponga al servicio de los demás el don que haya recibido, administrando fielmente la gracia de Dios en sus diversas formas" (1 Pedro 4:10).

La satisfacción es producto del descubrimiento de nuestra singularidad en Cristo, y de emplear nuestros dones y talentos para edificar a otros y glorificar a Dios.

La clave está en descubrir el papel que nos toca desarrollar, que nadie más puede hacer; y entonces decidir ser la persona que Dios quiere que seamos en el desarrollo de ese papel.

# La Satisfacción Viene De Vivir Una Vida De Calidad

"Dichosos los que tienen hambre y sed de justicia, porque serán saciados" (Mateo 5:6).

El sentido de satisfacción es un asunto de calidad, no de cantidad. La clave de la satisfacción personal no está en hacer más y más cosas, sino en el compromiso de hacer con calidad las cosas que ya estamos haciendo.

La satisfacción viene de vivir una vida justa y de procurar incrementar la calidad en nuestras relaciones y en todo lo que hacemos.

## REFLEXIÓN 1

De lo que acabas de estudiar, ¿qué es lo que más te llama la atención? ¿Por qué?

¿De qué depende nuestro éxito como cristianos?

¿A qué cosas llama este mundo "importantes", que a la luz de la eternidad carecen de importancia?

¿Cómo puedes disfrutar de una vida más satisfactoria?

Da un ejemplo de algo que has hecho o recibido que te ha hecho sentir satisfecho. ¿Por qué has sentido esa satisfacción?

## Somos Felices Cuando Deseamos Lo Que Ya Tenemos

El mundo percibe que la felicidad se consigue cuando obtenemos lo que deseamos. La verdadera felicidad, sin embargo, es querer lo que uno ya tiene.

"Es cierto que con la verdadera religión se obtienen grandes ganancias, pero sólo si uno está satisfecho con lo que tiene. Porque nada trajimos a este mundo, y nada podemos llevarnos. Así que, si tenemos ropa y comida, contentémonos con eso" (1 Timoteo 6:6-8).

Si nos enfocamos en lo que no tenemos nunca seremos felices. En cambio, si sabemos apreciar lo que tenemos sabremos el secreto de la felicidad para toda la vida.

### El gozo viene de disfrutar de la vida en cada momento

Para disfrutar de la vida tenemos que librarnos de las inhibiciones y actuar de una manera más espontánea. El secreto está en deshacernos de los impedimentos no bíblicos, tales como guardar las apariencias. Es más divertido agradar a Dios que a la gente.

## Experimentamos Seguridad Cuando Ponemos La Mira En Los Valores Eternos

Nos sentimos inseguros cuando dependemos de cosas sobre las que no tenemos el derecho ni el poder de controlar.

Nos sentimos seguros cuando fijamos la vista en los valores eternos.

Jesús dijo que nadie puede arrebatarnos de su mano (Juan 10:27-29), y el apóstol Pablo declaró que nada nos puede separar del amor de Dios en Cristo (Romanos 8:35-39). ¿Puedes imaginar mayor seguridad que ésta?

Cada cosa que poseemos hoy, un día la perderemos. El misionero Jim Elliot dijo: "No es de tontos sacrificar lo que uno no puede guardar para ganar lo que no puede perder". Ver también Filipenses 3:7,8.

## La Paz Viene De Aquietar La Tempestad Interna

Si buscamos la paz en las circunstancias externas, nos frustraremos.

La paz de Dios es interna, no externa. Paz con Dios es algo que ya tenemos (Romanos 5:1).

La paz de Dios es algo que nos hace falta mantener en nuestro fuero interior cada día.

Podemos tener la paz de Dios aun en medio de las tempestades que enfrentamos en el mundo que nos rodea.

"Mi paz os dejo; mi paz os doy. Yo no os la doy como la da el mundo. No os angustiéis ni os acobardéis" (Juan 14:27).

## Hoy Es El Primer Día Del Resto De Tu Vida

Andar por fe es, en resumidas cuentas, una decisión diaria de creer que lo que Dios dice es verdad, y vivir de acuerdo con ello en el poder del Espíritu Santo.

De aquí en adelante puedes estar seguro de que:

- Eres un hijo de Dios, y que Él se complace en ti.
- Sean las que fueren tus actuales circunstancias, Él tiene interés en tu vida; tiene planes de darte esperanza y un futuro (Jeremías 29.11).
- Nada ni nadie puede impedir que llegues a ser la persona que Dios quiere que seas; sólo depende de tu decisión de apropiarte de las metas de Dios para tu vida.
- Importa más cómo eres tú que lo que haces.

El siguiente testimonio anónimo fue escrito por alguien que decidió tomar en serio la palabra de Dios:

*Soy parte de la comunidad de los "no avergonzados". Conozco el poder del Espíritu Santo. Los dados han sido lanzados, he cruzado la línea, he tomado la decisión: soy discípulo de Cristo. No miraré hacia atrás, no cesaré, no daré la vuelta, no callaré. Mi pasado está redimido, mi presente tiene sentido, mi futuro está asegurado. ¡He acabado definitivamente con la vida mezquina, el andar por vista, los planes pequeños, los sueños incoloros, la visión dócil, la conversación mundana, la avaricia a la hora de dar y las metas enanas!*

*Ya no necesito la preeminencia, ni la prosperidad, ni los puestos de importancia, ni el aplauso, ni la popularidad. No necesito tener la razón, ni ser el primero, el número uno, ni ser reconocido, admirado o galardonado. Ahora vivo en la presencia de Dios, me apoyo en la fe, amo a los demás con paciencia, los afirmo en mis oraciones y obro en el poder de Dios.*

*Mi rumbo es fijo, mi paso firme, mi destino el cielo; el camino es estrecho, la senda es ruda, pocos son los compañeros; mi guía es fiel, mi misión es clara. No me pueden comprar o sobornar, desviar o seducir, diluir o detener.*

*No me acobardaré ante el sacrificio; no vacilaré frente a la adversidad; no negociaré con el enemigo, ni me dejaré tentar por la popularidad, ni vagaré en el laberinto de la mediocridad.*

*No me rindo, no me callo, no me freno, no me extingo hasta que haya predicado, orado, pagado, atesorado y velado hasta lo último por la causa de Cristo.*

*Soy discípulo de Jesús; prosigo hasta que él venga, doy hasta que me agote, predico hasta que todos oigan y trabajo hasta que él diga, ¡basta! Y cuando Él venga a recoger a los suyos, me reconocerá sin problema. Mis colores serán bien claros.*

Lo que hacemos para Dios no es para ganar su simpatía, ni para probar nuestro valor. Lo hacemos porque le amamos, porque Él nos amó primero.

El resto de tu vida lo tienes por delante. Tú puedes ser la persona que Dios quiere que seas. ¡Nada ni nadie te lo puede impedir!

## REFLEXIÓN 2

Si la felicidad consiste en querer lo que tienes en vez de tener lo que quieres, ¿cómo puedes cambiar tu manera de pensar acerca de tus circunstancias?

Las diversiones son pasajeras, el gozo del Señor dura para siempre. ¿Cómo puedes disfrutar el gozo del Señor y hacer que tu vida cristiana sea más divertida?

¿Cuáles son las causas de la inseguridad? ¿Cómo puedes sentirte más seguro?

Para tu reflexión personal: Apunta dos de los ocho temas de la encuesta ¿Qué es lo que creo? (pág. 88) que llaman más tu atención. ¿Cómo puedes progresar en esos desafíos?

## TESTIFICAR

Escoge dos o tres de las ocho áreas que hemos considerado. ¿Cómo serían afectados los no cristianos a tu alrededor si pusieras en práctica estos principios?

## ESTA SEMANA

De los ocho temas desarrollados en la encuesta ¿Qué es lo que creo? (pág.89), ¿cuáles representan el mayor desafío para ti? Medita sobre los pasajes bíblicos que tratan cada tema, identificados en las directrices de Dios para caminar en fe, en la siguiente página. Incorpóralos en tu estrategia personal para demoler las fortalezas enemigas en tu vida, y para renovar tu mente.

**Para triunfar en la vida necesitas tener metas correctas.**

El éxito consiste en aceptar la meta de Dios para nuestras vidas y, por su gracia, llegar a ser lo que Él nos llamó a ser (Josué 1:7- 8; 2 Pedro 1:3-10; 3 Juan 2).

**El sentido de valor viene del uso adecuado del tiempo.**

Lo que se olvida en el tiempo es de poca importancia. Lo que se recuerda para la eternidad es de gran importancia (1 Corintios 3:13; Hechos 5:33-40; 1 Timoteo 4:7- 8).

**La satisfacción proviene de servir a los demás.**

La satisfacción es producto del descubrimiento de nuestra singularidad en Cristo, y de emplear nuestros dones y talentos para edificar a otros y glorificar a Dios (2 Timoteo 4:5; Romanos 12:1-18; Mateo 25:14-30).

**La satisfacción viene de vivir una vida de calidad.**

La satisfacción viene de vivir una vida justa y de procurar incrementar la calidad de nuestras relaciones y de nuestro trabajo (Mateo 5:5; Proverbios 18:24; 2 Timoteo 4:7).

**Somos felices cuando deseamos lo que ya tenemos.**

Somos felices cuando estamos agradecidos por lo que tenemos, en vez de desear lo que no tenemos. ¡Felices quienes desean lo que ya tienen! (Filipenses 4:12; 1 Tesalonicenses 5:18; 1Timoteo 6:6-8).

**El gozo viene de disfrutar de la vida en cada momento.**

El secreto está en deshacernos de los impedimentos no bíblicos, tales como guardar las apariencias (2 Samuel 6:20-23; Gálatas 1:10, 5:1; Romanos 14:22).

**Experimentamos seguridad cuando ponemos la mirada en los valores eternos.**

Nos sentimos inseguros cuando dependemos de las cosas pasajeras en vez de aquellas que durarán para siempre (Juan 10:27-30; Romanos 8:31-39; Efesios 1:13-14).

**La paz viene de aquietar la tempestad interna.**

La paz de Dios es interna, no externa (Jeremías 6:14; Juan 14:27; Filipenses 4:6-7; Isaías 32:17).

**LIBERTAD EN CRISTO - OFICINA INTERNACIONAL**
www.ficminternational.org
+44 (0)118 321 8084

**LIBERTAD EN CRISTO VENEZUELA**
libertadencristovzla@gmail.com
+58 212 743-2101

**LIBERTAD EN CRISTO MÉXICO**
www.ficmm.org - contacto@ficmm.org
+52 55-5489-4565

**LIBERTAD EN CRISTO ESTADOS UNIDOS**
www.ficm.org - info@ficm.org
+1 865-342-4000

**LIBERTAD EN CRISTO ESPAÑA**
www.libertadencristo.es - info@libertadencristo.es
+34 622 225 785

CPSIA information can be obtained
at www.ICGtesting.com
Printed in the USA
BVOW11s2256110518
515779BV00007B/103/P